NZZ **Libro**

Jeroen van Rooijen

HAT DAS STIL?

200 Fragen und Antworten zur kultivierten Lebensart

Verlag Neue Zürcher Zeitung

Bibliografische Information der Deutschen Nationalbibliothek

Die Deutsche Nationalbibliothek verzeichnet diese Publikation in der Deutschen Nationalbibliografie; detaillierte bibliografische Daten sind im Internet über http://dnb.d-nb.de abrufbar.

© 2011 Verlag Neue Zürcher Zeitung, Zürich

Gestaltung, Satz: unfolded, Zürich
Illustrationen: Gisela Goppel, Berlin
Druck, Einband: CPI – Clausen & Bosse, Leck

Dieses Werk ist urheberrechtlich geschützt. Die dadurch begründeten Rechte, insbesondere die der Übersetzung, des Nachdrucks, des Vortrags, der Entnahme von Abbildungen und Tabellen, der Funksendung, der Mikroverfilmung oder der Vervielfältigung auf anderen Wegen und der Speicherung in Datenverarbeitungsanlagen, bleiben, auch bei nur auszugsweiser Verwertung, vorbehalten. Eine Vervielfältigung dieses Werkes oder von Teilen dieses Werkes ist auch im Einzelfall nur in den Grenzen der gesetzlichen Bestimmungen des Urheberrechtsgesetzes in der jeweils geltenden Fassung zulässig. Sie ist grundsätzlich vergütungspflichtig. Zuwiderhandlungen unterliegen den Strafbestimmungen des Urheberrechts.

ISBN 978-3-03823-730-3

www.nzz-libro.ch
NZZ Libro ist ein Imprint der Neuen Zürcher Zeitung

1.	**VORWORT**	Seite 6
2.	**VOM UMGANG MIT DER MODE**	Seite 11
3.	**DIE GARDEROBE DER DAME**	Seite 25
4.	**DIE GARDEROBE DES HERRN**	Seite 55
5.	**DIE KUNST ZU HEIRATEN**	Seite 91
6.	**SCHÖNHEIT**	Seite 99
7.	**VOM UMGANG MIT MENSCHEN**	Seite 109
8.	**IN DEN EIGENEN VIER WÄNDEN**	Seite 125
9.	**GESCHENKE MACHEN**	Seite 139
10.	**IM RESTAURANT**	Seite 145
11.	**UNTERWEGS UND MOBIL**	Seite 159
12.	**SACHVERZEICHNIS, NAMENVERZEICHNIS**	Seite 174 & 181
	DER AUTOR, DIE ILLUSTRATORIN	Seite 184 & 186

1. **VORWORT**

Gibt es in unserer hyperindividualisierten Facebook-Welt überhaupt noch gemeinsame kulturelle, ästhetische und zwischenmenschliche Werte, die zu benennen sich lohnen würde? Oder ist heute ohnehin jeder seines eigenen Tuns einziger verbindlicher Massstab?

Der in diesen Dingen gerne – und in Unkenntnis seiner ursprünglichen Absichten – bemühte Adolph Freiherr von Knigge hatte es gut: Im späten 18. Jahrhundert, als er sein Standardwerk *Über den Umgang mit Menschen* formulierte, hielten sich Wertvorstellungen und gesellschaftliche Normen noch während 100 oder gar 200 Jahren. Heute sind die Ideen bezüglich der Frage, wie Menschen idealerweise zusammen leben und auskommen können, oft schon nach einer einzigen Generation überholt. Die wilde Jugend der 1970er-Jahre, heute «best agers» oder gestandene Senioren, hatte ganz andere Ideale als die hedonistischen Kids der 1980er-Jahre oder die «digital natives» des Internetzeitalters. Es scheint also erst einmal unmöglich, ein «Handbuch zur kultivierten Lebensart» formulieren zu wollen, wo doch die Lebensentwürfe und Normen heute so vielfältig wie kaum je zuvor sind. Und doch wollen wir es wagen.

Aus meiner Sicht wären es Werte wie Augenmass, Anstand, Grosszügigkeit, Diskretion und Humor, die als höchste zivilisatorische Errungenschaft gelten sollten. Mit diesen Massstäben liesse sich manch kommunikatives, zwischenmenschliches und ästhetisches Problem lösen. So sah das auch der im Frühling 2011 mit 78 Jahren freiwillig aus dem Leben geschiedene deutsche Lebemann Gunter Sachs. «Sportlich, wohlerzogen, sprachgewandt, geistreich und galant» – das waren ihm die wichtigsten Zutaten zum guten Leben. Es ging ihm, der für viele so etwas wie der Prototyp des Lebemanns war, also nicht in erster Linie um Statussymbole wie Autos, Jachten und Häuser, auch nicht um Kleidung, Frauen oder Partys, sondern um Geist, Stil und Haltung. Wenn das kein brillanter Nachlass ist! Und wenn das kein freudiges Plädoyer für ein Handbuch zu diesen Themen ist!

Guter Stil scheint ein in Stein gemeisselter Begriff, doch das ist er nicht: Die Vorstellungen davon, was fein, elegant, richtig oder modern ist, ändern sich laufend. Stil scheint bei flüchtiger Betrachtung auch etwas, das nur die oberen Zehntausend kümmert, doch das tut es nicht. Stil hat herzlich wenig mit finanziellen Möglichkeiten zu tun, aber sehr viel mit Bewusstsein, Menschlichkeit und dem Willen, im Leben Entscheidungen zu treffen. Stil scheint ein Korsett – und das kann er durchaus sein, doch genauso kann er befreiend und fokussierend wirken. Anders gesagt: Stil ist Lebenskunst. Es geht darum, Überzeugungen zu finden – für seinen Umgang mit anderen Menschen, der Umwelt, seinem Gefühlshaushalt und nicht zuletzt natürlich auch um die Ausgestaltung seiner Umgebung, sprich die materiellen Entscheidungen. Stil ist auch nicht dasselbe wie Style, denn Stil baut, anders als die Mode mit ihren nervösen Wechseln, auf Beständigkeit, Zeitlosigkeit und eine gewisse Hartnäckigkeit, wenn es darum geht, sich auch mal dem Zeitgeist zu widersetzen.

Die Zeichen unserer Zeit stehen auf Temperierung und Mässigung. Nicht nur haben sich die Vorstellungen davon verändert, was heute eine angemessene Erwartung an Umsatz, Rendite und persönliche Vergütungen ist, sondern auch die ästhetischen Parameter. Die breiten, Raum heischenden Autos der 1990er-Jahre sehen heute nur noch lächerlich aus. So aufgeblasen wie der cineastische Pomp der fetten Revers von Tom Fords Anzügen. Auch das Verständnis der Physis ist ein anderes geworden: Wer kann, trainiert heute nicht nur sein Sixpack und seinen Bizeps, sondern auch den Kopf mit. Weil heute, analog zur kritischen Betrachtung von Lebensmitteln, auch beim Menschen wieder wichtig ist, was drin steckt – und nicht nur, was drauf steht.

Bezogen auf die Kunst der Lebensführung hiesse das, dass wir uns einem neuen ästhetischen Verständnis zuwenden. Der Wandel ist bereits im Gange: Die Markenhersteller heben ihre historischen Verdienste hervor und akzentuieren ihre Klassiker, sie sprechen von Konzentration aufs Wesentliche. Weil der Konsument immer stärker fragt, woher die Rechtfertigung eines Produktes oder einer Dienstleistung kommt, was einen Hersteller unverzichtbar macht. Die wichtigsten Fragen für alle Konsumentscheidungen heissen: Hat ein Produkt mein Vertrauen verdient? Hält es meinen Ansprüchen eine Weile stand? Ist es unverwechselbar? Ist es echt? Ist es gut für mich? Und was für Folgen zeitigt es für andere? Wir betreten ohne Zweifel ein neues Zeitalter der Nachhaltigkeit, in der nicht nur das Individuum, sondern auch gemeinsame Werte ihre Richtigkeit haben.

Ich weiss aus meinem Alltag als Kolumnist der *NZZ am Sonntag*, dass sich die Menschen heute nicht mehr so sehr für den letzten Schrei als für das Individuelle und Echte interessieren. Also ist es doch an der Zeit, sich einem neuen Verständnis von Lebensart zuzuwenden – einem langfristigeren Ansatz, der weniger mit der launischen Mode als mit tief verwurzelten kulturellen Werten zu tun hat. Und so gehe ich hin und versuche, aus den Erkenntnissen meiner fast täglichen Beschäftigung mit den Fragen des Stils die 200 wichtigsten Punkte zu benennen. Die Ratschläge für die Männergarderobe sind etwas umfangreicher ausgefallen als das Kapitel zur Damenmode – dies einerseits deshalb, weil das Outfit des Mannes noch heute stärker als jenes der Frau an traditionelle Regeln gebunden ist, andererseits aber auch, weil die Männer noch wesentlich dringender Nachhilfeunterricht brauchen als die Frauen!

Ich freue mich aufrichtig darüber, dass wir in diesen guten Zeiten anfangs des dritten Jahrtausends nicht über viel Schlimmeres debattieren müssen als über die Länge der Hemdärmel oder die Frage, ob man seine Teebeutel zu einem Dinner selber mitbringen darf. Das ist ein überdeutliches Zeichen einer extrem verfeinerten Hochkultur – nicht der Teebeutel, sondern der Luxus, sich um solche Kinkerlitzchen mit heiligem Eifer kümmern zu dürfen! Ich weiss aber auch, dass ich nicht über die Weitsicht und die Formulierungskunst eines Freiherrn von Knigge verfüge, um auch in 200 Jahren noch eine Richtgrösse in Sachen Geschmack zu sein. So möge man meine Ratschläge für das nehmen, was sie sind: als wohlmeinende Hinweise dazu, wie man sein eigenes Leben – und das der anderen – etwas lebenswerter macht.

Jeroen van Rooijen

2. **VOM UMGANG MIT DER MODE**

Die Mode, so sagte einst der Dandy Oscar Wilde, dem die Welt so manches universell anwendbare Bonmot verdankt, sei so unerträglich hässlich, dass man sie alle paar Monate ändern müsse. Diese populäre Ansicht ist radikal – und falsch. Denn die Mode ist nicht hässlich, sie ist nur wenig verlässlich. Sie ist eine im Grunde gute und schöne, aber heimtückische Freundin. Im Augenblick ihrer Gültigkeit verleiht sie einem Flügel, doch nach Ablauf ihrer Dringlichkeit macht sie einen zum Affen.

Doch wir brauchen die Mode, weil sie eine der universellsten Sprachen ist. Man versteht sie über die Grenzen von Kontinenten hinweg. «Die Mode steht für Lebenshaltung und Zeitgeist. Sie ist Teil unseres Lebensstils und begleitet uns durch alle Situationen im Alltag», sagt der bekannte Schweizer Designer Albert Kriemler (Akris), und: «Selbst die Absicht, der Mode keine Beachtung zu schenken, scheitert bereits beim Ankleiden, denn jede Erscheinung – ob undefiniert, modern, klassisch, belanglos oder elegant – ist täglich eine klare Aussage zur eigenen Person.» Auch Punk war eine über textile Signale transportierte Weltanschauung, überdies eine mit einem rasch erreichten modischen Verfallsdatum.

Es gibt Leute, die können fast alles tragen – wenn sie hübsch, schlank und jung sind. Deshalb soll man die Kids, die sich für diese kurze Zeit der Jugend alles erlauben können, mit Stilempfehlungen in Ruhe lassen. Sie sind dafür noch nicht bereit oder schlimmer: Sie lehnen wohlmeinende Ratschläge ab, denn sie wollen auch mal lustvoll aus der Reihe tanzen. Lässt man dies nicht zu, wird aus einem blühenden Ding womöglich noch ein verhärmtes, skeptisches Individuum. Nach Ablauf der Adoleszenz, sie dauert in unseren Kulturkreisen inzwischen bis etwa 25, setzt von selbst die Suche nach einem eigenen Stil ein.

2.1 IST MAN IRGENDWANN ZU ALT FÜR MODE?

Mode ist mitnichten ein Privileg der Jugend. Natürlich ist in jungen Jahren vieles möglich. Man greift zu Längen, Farben, Mustern und Stilen, die man später im Leben nie wieder erwägt. Das ist gut und richtig, denn die Jugend ist dazu da, zu lernen, zu suchen und zu spielen. In jungen Jahren wird deshalb viel und gedankenlos Mode eingekauft. Qualität und Machart spielen dabei meist keine grosse Rolle, weil die Kleidung ohnehin nur eine Laune oder Saison lang halten muss. Später, zwischen 25 und 40 etwa, kaufen die meisten Menschen weniger Kleidung, geben dafür aber dennoch mehr Geld aus. Exklusive Marken sind hoch im Kurs, denn sie suggerieren gesellschaftliches Fortkommen und Status. Tatsächlich spielt aber schon ab etwa 40 Jahren diese schnell wechselnde Mode nicht mehr so eine grosse Rolle. Die Menschen suchen dann nach Beständigkeit und Stil. Irgendwann in der zweiten Lebenshälfte erwacht auch der bittere Verdacht, einem gewaltigen Schwindel aufgesessen zu sein und sein Geld leichtsinnig einer internationalen Clique von Style-Hochstaplern anvertraut zu haben.

Diesen gefährlichen «turning point» im Leben einer individuellen Stilentwicklung gilt es genau zu analysieren und, falls man zum Schluss kommt, der Mode noch nicht gänzlich den Laufpass zu geben, zu überwinden. Anders gesagt: Man soll auch als «reife» Persönlichkeit unbeschwert und mit Lust Mode einkaufen. Überall und immer wieder. Man soll versuchen, zwischendurch jene Nadeln im Heuhaufen zu finden, die das Potenzial haben, einen das restliche Leben lang zu begleiten. Die Franzosen wussten es schon immer, wenn sie sagen: Eleganz ist ein Privileg des Alters.

Menschen, die dem entgegenhalten, dass Mode einzukaufen wohl der sicherste Weg sei, sein Geld abzuwerten, weise man diskret aufs Auto hin, das eine ebenso kurze Halbwertszeit hat wie Bekleidung. Allerdings wird dieser krasse Verlust an materiellem Wert bei Kleidung meist mit einem Gewinn an Erkenntnis abgegolten. Deswegen kauft man ja ein: weil man dabei lernt, das Leben zu leben. Wenns bloss ums Anziehen ginge, gäbe es nicht alle 50 Meter einen Schuhladen.

2.2 IST GUTER STIL TEUER?

Der legendäre Couturier Christian Dior schrieb bereits 1954 in seinem *Little Dictionary of Fashion*, dass es lediglich drei Dinge brauche, damit eine Frau gut aussieht: «Einfachheit, guter Geschmack und eine sorgfältige Pflege. Nichts davon kostet besonders viel Geld.» Das gilt noch heute – mehr denn je! Denn sich alters- und figurgerecht, der Situation angemessen und trotzdem individuell und originell anzuziehen war nie so leicht wie heute. Hatte man früher noch die Regeln von Ständen oder anderen sozialen Konventionen zu beachten, so steht dem, der gewillt ist, sich herauszuputzen, heute das ganze Arsenal in fast jeder Preisklasse zur Verfügung.

Gut gemachte Alltagsbekleidung findet man heute beim Discounter wie beim Luxuslabel. Natürlich erkennt der Fachmann gewisse Unterschiede in Stoff, Schnitt und Verarbeitung, doch ist ein bescheidenes Budget heute keine ausreichende Ausrede für eine nachlässige oder uninspirierte Garderobe mehr. Anders herum ist ein teures Etikett heute keinesfalls mehr Garant für gute Ware. Man kann, wie die singende Gattin eines für seine Segelsport-Begeisterung weltbekannten Westschweizer Milliardärs gerne zeigt, auch in sehr teurer Kleidung extrem billig aussehen.

Den Preis von Kleidung beeinflussen heute bekanntlich nicht mehr nur der Stoff, die Arbeit und die Miete des Geschäfts, wo sie verkauft wird, sondern auch die Gage des engagierten Designers, das Werbebudget oder die mit der Marke umsonst versorgten Testimonials – auf Deutsch: Prominente, die gratis mit Kleidung versorgt werden. All das will mitbezahlt sein, und wenn dann noch Flagship-Stores an den besten Adressen der Welt hinzukommen, dann kann man in der Regel gewiss sein, für seine Einkäufe etwas mehr zu bezahlen als im Supermarkt des Vertrauens. Dafür bekommt man ja auch einiges an nicht fassbaren, aber bestenfalls gefühlten Werten!

Man soll deshalb nur eines nicht versuchen: nach einer vernünftigen Relation zwischen Warenwert und Preis von Kleidung forschen. Denn es gibt schlichtweg zu viele weiche Faktoren, die den Verkaufspreis eines Produktes beeinflussen. In der Mode wie anderswo. Sicher ist nur: Etwas kann obszön teuer und im Grunde doch wertlos sein – und umgekehrt. Wer das einmal akzeptiert hat, der macht sich frei von der Furcht, falschem Zauber zu erliegen. Wenns dann trotzdem passiert, vergisst man es am besten rasch wieder.

2.3 **IST ETWAS DAGEGEN EINZUWENDEN, MÖGLICHST GÜNSTIGE KLAMOTTEN ZU KAUFEN?**

Ja, sehr wohl. Denn das ist zu kurz gedacht. Wer immer nur möglichst billig einkauft, der arbeitet daran mit, dass die internationale Modeproduktion weiter versucht, immer billiger zu werden – das funktioniert letztlich nur über den Abbau von Qualität und Arbeitsleistung. Doch die Menschen in China und Bangladesch werden schon jetzt ausgepresst wie Zitronen. Ausserdem sind diese gigantischen Mengen Billigbekleidung ein erheblicher Umweltfaktor. Sie belasten Felder, Menschen und Gewässer. Das Ziel kann also nicht sein, möglichst billig einzukaufen, sondern möglichst richtig und möglichst verantwortungsvoll.

Also soll man ein Kleidungsstück gut untersuchen, es umdrehen und innen herum inspizieren, die Nahtbilder studieren – sind sie regelmässig, sind die Fäden abgeschnitten? Man muss den Stoff in die Hände nehmen, gegen das Licht halten, an ihm riechen. Das ist die materielle Prüfung. Dann muss man die Marke analysieren: Wenn sie viel teure Werbung schaltet, dann werden die Sachen wahrscheinlich proportional zu ihrem Warenwert zu teuer verkauft. Und wenn die Marke viele teure Standorte an besten Lagen hat, dann ist das auch ein Hinweis darauf, dass hier jemand seine Kalkulation nicht primär im Sinne der Kundschaft, sondern der eigenen Kriegskasse macht. Man kann so etwas schon unterstützen, denn manchmal machen diese Labels ja wirklich aussergewöhnliches Zeugs, aber man sollte sich dessen bewusst sein, was man damit tut.

2.4 WIE VERHÄLT MAN SICH IM MODEGESCHÄFT?

Früher, als die Boutiquen noch Fachgeschäfte waren und darin geschultes Personal stand, um die Menschen nach allen Regeln der sorgsam überlieferten Kunst zu bedienen, da war es noch ungehörig, einen Laden zu betreten und «einfach mal ein bisschen zu schauen».

Heute, wo die Läden in der Regel preisaggressive Ramschboutiquen oder überdimensionierte «Fachmärkte» (meist auch von lästigen Personalkosten befreit) sind, ist es durchaus üblich geworden, erst einmal durch die Abteilungen zu tigern, bevor man seinen Einkauf tätigt. Meist sind diese Ausflüge ja auch nicht von dringend notwendigen Beschaffungen stimuliert, sondern von dunklen Mächten heraufbeschworen. Nicht nur gibt es kaum noch gutes Personal – auch die Kunden wissen kaum noch, wie man mit Personal umzugehen hat. Wenn man dann doch auf welches trifft, schauen viele vor lauter Schreck zu Boden oder flüchten. Das ist schade, denn Personal steht in der Regel nicht im Geschäft, um dem Raum Rhythmus zu geben oder Wurzeln zu schlagen, sondern um gefordert zu werden.

Wer das nächste Mal ein Geschäft betritt, möge doch einfach mal zur Auffrischung der guten Sitten das ganze Programm durchexerzieren. Ein fröhliches Grusswort und ein aufrechter Blick in die Augen der Anwesenden. Man vergewissere sich, dass jemand einen registriert oder vielleicht auf einen zugeht, bevor man selbst die Initiative ergreift – vielleicht ist das Personal nämlich gerade mit einem anderen Kunden beschäftigt. Da geziemt es sich nicht, dazwischen zu gehen. Dann formuliere man seine Wünsche und sein Budget und lasse das Personal kreativ werden. Es gibt für Dienstleistende nichts Motivierenderes, als einem Kunden seine Hilfe anzubieten!

Was dagegen nicht geht, auch wenn genügend freies Personal da ist: sich à discretion allerlei zeigen lassen und probieren, einen Haufen Unordnung anrichten und dann doch nur stänkern, dass alles jenseits der Schweizer Grenze viel billiger zu kaufen sei. Auch feilschen und handeln soll man nur auf dem Basar, niemals aber in einem ordentlichen Fachgeschäft – wenn man denn Wert darauf legt, jemals wiederzukommen und auch wieder gerne gesehen zu werden.

2.5 GIBT ES AUCH «VERNÜNFTIGE» MODE?

Die gesellschaftlich-wirtschaftlichen Megathemen Nachhaltigkeit und Ökologie gewinnen auch in der Mode an Bedeutung. Entsprechend bemühen sich die Grossverteiler, an diesem neuen, bewussteren Konsumenten Geld zu verdienen und setzen auf Öko-Kollektionen. Doch nicht alle tun es mit Umsicht: So sollen laut Zeitungsberichten etliche Textilgrossisten in den letzten Jahren systematisch auch falsch deklarierte, weil genetisch manipulierte Biobaumwolle verkauft haben, die nicht den strengen Kriterien für Biomode entspricht. Fachleute für Biotextilien warnen davor, dass in diesem Wachstumsmarkt schon heute mehr Biobaumwolle verkauft als überhaupt angebaut wird – vielleicht ist «organic cotton» der neue Kaschmir, wo auch getrickst und gelogen wird, wie es nur geht.

Damit Bekleidung aber auch wirklich ökologisch korrekt und nachhaltig ist, muss eine ganze Reihe von Kriterien erfüllt sein. Das fängt beim Anbau der Fasern an und hört beim Ladentisch auf, über den ein Kleidungsstück verkauft wird. Überall lauern Fallen, denn Hungerlöhne, Ausbeutung und Umweltzerstörung sind in der Modebranche an der Tagesordnung. Die Rohstoffe müssen korrekt produziert werden, mit nachhaltiger Bewirtschaftung der Anbauflächen, fairen Löhnen, ohne Pestizide und Genmanipulation.

Die besten Rohstoffe nützen jedoch nichts, wenn bei der Verarbeitung schädliche Stoffe eingesetzt werden und am Ende in der Kleidung verbleiben. Hier geht es auch um Zutaten sowie umweltschonende Färbungen oder Ausrüstungen. Ein komplexes Thema sind auch fairer Handel und soziale Verantwortung: Kinderarbeit ist in der Textilbranche leider noch immer weit verbreitet. Und: In die Gesamt-Ökobilanz der Mode gehören richtigerweise auch die durch den Transport verursachten Umweltbelastungen. Die recyclebare Papiertüte, in der das Gekaufte nach Hause getragen wird, ist also nur das letzte, sichtbare Glied einer sehr komplexen Kette.

Eine Mode, die alle Faktoren zur ökologisch verantwortungsvollen, ethisch korrekten und nachhaltigen Produktion berücksichtigt, kann also nicht so billig sein wie die Klamotten, die heute in den meisten Fussgängerzonen der Welt angeboten werden.

2.6 WIE SIEHT DIE MODE DER ZUKUNFT AUS?

Die Haute Couture war einst ein exklusives Privatvergnügen einiger weniger sehr betuchter Damen, deren Ehegatten sich bevorzugt in Florenz oder London Massanzüge kauften. Dennoch strahlte die Couture mit fast missionarischer Macht bis in die Kleiderschränke der einfachen Leute aus. Heute ist die Haute Couture nur noch ein image- und marketingwirksamer, aber kostspieliger Geschäftszweig, den sich nur noch eine Handvoll Marken leisten. Die Rolle als Taktgeber der Mode hat vor einigen Jahrzehnten bereits das wesentlich günstigere Prêt-à-porter übernommen, auch Mode ab Stange genannt. Doch auch dieses «Zeitalter der Designer» neigt sich dem Ende zu.

Heute sind es die international agierenden Budgetketten wie H&M, Zara, Uniqlo oder Topshop, die den Ton angeben. Sie verfügen als «Vertikale» über einen direkten Zugriff auf die ganze textile Kette, das heisst, sie lassen selber Stoffe weben, schneidern in eigenen Produktionsbetrieben, liefern selber aus und verkaufen ihre Ware in eigenen Geschäften. Die nach traditioneller Lehre zwischen diesen Schritten anfallenden Handelsmargen streichen sie alle selber ein und verfügen damit über eine Finanzkraft, gegen die auch eine sehr gut geführte Boutique keine Chance mehr hat. Mit Tausenden von Filialen in aller Welt und einer sehr schnell drehenden Produktmaschinerie dominieren die grossen Ketten den Handel inzwischen nach Belieben.

Die modische Kraft dieser internationalen Textilgrosskonzerne hinkt noch etwas hinter ihrer wirtschaftlichen Entwicklung her. Sie sind aber gerade dabei, dieses Defizit zu korrigieren. Klar wird noch immer links und rechts bei den Grossen (im kreativen Sinne) kopiert. Doch entwickeln die gut ausgebildeten Designer-Legionen von Zara, H&M und Co. immer mehr Selbstbewusstsein. Für Energieschübe bezüglich der modischen Glaubwürdigkeit sorgen gelegentliche Designer-Kooperationen, mit denen die Discounter die öffentliche

Wahrnehmung weg von der reinen Preisdiskussion und hin zu einer ästhetischen Führungsrolle lenken.

Man muss also kein besonders weitsichtiger Prophet sein, um zu erkennen, dass es à la longue nicht mehr die unabhängigen Créateurs sein werden, die in der Mode das Tempo angeben, sondern die Grosskonzerne mit ihrer Marktmacht. Zum einen die bereits erwähnten Discounter, zum anderen die grossen Luxusgruppen wie LVMH, PPR oder Richemont, die klingende Topmarken um sich geschart haben, um so maximale Synergien in der Produktion (und damit Kostensenkungen) zu erzielen.

Allerdings erzeugt die Entwicklung hin zu diesen modischen Grossgebilden bei einer ästhetischen Avantgarde auch eine Abwehrreaktion. Avantgardisten interessieren sich darum seit Kurzem wieder für Nischenmarken und Originale, verschrobene Kleingewerbe und passionierte Handwerkskünstler. Auch hat das Handwerk, also das Selbermachen von Kleidung, wieder seine Fans, wie man auf Internetforen wie Etsy oder in Magazinen wie *Cut* sehen kann.

Im Spannungsfeld dieser beiden Extreme, der Grosskonzerne und der kreativen Outlaws, entwickelt sich ein neues, modernes Modebild. Eine gute, zeitgerechte Mode fusioniert die wesentlichen Phänomene der letzten Jahre, also High-Luxury Fashion und Street Style, zu einem neuen, oft sportlich angehauchten Look mit individuellen Variationsmöglichkeiten. Denn die Mode unserer Zeit ist so deutlich wie nie zuvor vom «Laufsteg der Strasse» beeinflusst. Und dies wird der Standard bleiben.

Die meisten Science-Fiction-Autoren, die sich mit der Mode beschäftigt haben, schiessen weit übers Ziel hinaus, etwa H.G. Wells, der 1933 in seinem Zukunftsroman *The Shape of Things to Come* einen Ausblick auf die Kleidung von 2033 wagte: «Wir werden unter Togen aus technischen Materialien Tuniken mit starken Polsterungen tragen» – man will sich das lieber nicht so genau vorstellen. Natürlich wäre sie unisex, denn davon sind alle Futuristen immer ausgegangen.

Letzteres könnte sich eines Tages bestätigen: Nachdem die Frauen während der letzten 50 Jahre maskuline Klassiker wie Jeans, Anzug, Smoking, Hemd oder Trenchcoat übernommen haben, schwingt das Pendel in den kommenden Jahren vielleicht auf die andere Seite zurück. Wir werden im Jahr 2020 zwar keine Männer in Röcken sehen, denn Röcke sieht man heute auch an Frauen nicht mehr oft. Sie sind eine verschwindende Gattung. Allerdings wird die Männermode androgyner. Wer sich die neuen Avantgarde-Labels anschaut, der sieht, dass der Mann der Zukunft ganz lässig feinsten Jersey und Strick trägt, vielleicht sogar Leggings.

Natürlich wird die Mode von übermorgen weitestgehend von individuellen Stilwelten geprägt sein. «Self design» ist ein wichtiges Merkmal unserer Zeit, und es wird durch digitale Medien und die damit verbundenen Möglichkeiten der Selbstdarstellung noch einmal wichtiger werden. Jeder kann in Zukunft sein eigener Modeschöpfer sein und Trends lancieren.

Sportswear wird 2020 der alltägliche Standard sein. Die Materialien und Verarbeitungstechniken der Sportswear sind bereits sehr auf das urbane Leben ausgerichtet, als Nächstes wird das Ganze eine alltägliche Eleganz bekommen. Und: Die Kleidung der Zukunft wird noch bequemer und weicher. In Zukunft werden wir Stoffe haben, die so problemlos zu waschen und zu bügeln sind wie Synthetik, aber so bequem, weich und atmungsaktiv sind wie die besten Kaschmirfasern.

2.7 GIBT ES KLEIDER, DIE EINEN 5 KILO SCHLANKER AUSSEHEN LASSEN?

Als radikalste Massnahme müsste man empfehlen, den Kulturkreis zu wechseln, denn unter Djellabas und Kaftanen lässt sich mehr als nur ein einzelnes Fettröllchen verstecken! Auch der indische Sari ist eine figuroptimierende und variable Kleidung. Die Europäer versuchen in jüngster Zeit, die Vorteile dieser Outfits in ihre eigene Kleidung zu «importieren». Das Trendthema Tunika war also erst der Anfang: Die Mode geht weiter in diese Richtung, sie wird weiter und gnädiger und schaut sich das eine oder andere von exotischen Schlankmachern ab. Das sind Kleidungsstücke, welche die Silhouette strecken und die vertikale Linie betonen. Beliebt sind V-Ausschnitte oder längere Oberteile. Gut eignen sich auch Layerings, bei denen man weichere Sachen über eine körpernahe Schicht aus Jersey zieht.

Wer lieber bei Jeans und T-Shirt bleibt, der sollte so ehrlich sein, die richtige Grösse zu tragen. Zu enge Kleider sind die schonungsloseste Art, Übergewicht offenzulegen. Wenns nicht spannt und kneift, sieht man nicht nur besser aus, sondern fühlt sich auch wohler. Wenn eine Jeans gut sitzt, ist auch ein Hintern in Grösse 42 sexy. Es geht darum, Problemzonen geschickt zu kaschieren und jene Körperpartien, die sexy sind, zu akzentuieren. Wer weiche Oberarme hat, sollte nicht die allerkürzesten Ärmelchen oder Tanktops tragen. Wer eine weiche Mitte hat, der ist besser beraten, nicht gerade die stark taillierten Shirts oder Blusen zu wählen. Dafür sollten Frauen, die etwas mehr Busen haben, zum Beispiel eine Schleife in der Taille tragen, welche die Blicke auf eine schlanke Körpermitte lenkt. Bei Kleidern sind in Etagen gelegte Falten oder Volants hilfreich. Auch eine etwas höher gesetzte, sogenannte Empire-Taille knapp unter dem Busen ist chic – dadurch wird die Silhouette gestreckt, die Brust dramatischer dargestellt und die Weite des Kleides fällt locker über Taille und Hüfte. Querstreifen, die modisch gerade sehr propagiert werden, sind ebenso mit Vorsicht zu geniessen wie grosse, grafische Muster. Dafür ist man mit schimmernden Stoffen, die das Licht reflektieren, gut bedient.

Der schmale Stiftrock braucht sogar ein bisschen Extrakurven: Sehr dünne Frauen sehen darin aus wie Klappergestelle! Ein runder Hintern kann im schmalen Rock supersexy aussehen, ein runder Bauch allerdings nicht. Da greift man besser zu den technischen Helferlein in Form von Slimming-Unterziehern oder Body Shaper. Diese formende Unterwäsche mit nahtloser Kompressionstechnologie gibt es als Shirts, Hosen, Bodys, Strumpfhosen oder sogar als Ganzkörpermodelle. Zu guter Letzt darf auf hohe Absätze verwiesen werden: Sie machen länger, bringen Spannung in die Figur und lassen einen selbstbewusster und sexyer wirken.

2.8 WIE GELINGT DER GEZIELTE STILBRUCH?

Das individuelle Spiel mit dem Stil, also auch das gekonnte Brechen von Konventionen, ist heute viel wichtiger als die reine Lehre des Stils. Dies macht letztlich auch modische Kennerschaft aus: das Wissen darum, wie man Hürden überspringen und Regeln ignorieren muss, damit Neues entsteht. Eine der interessantesten Stilbrecherinnen ist die Ex-*Vogue*-Chefredakteurin Carine Roitfeld, die sagt: «Es geht nicht darum, schön auszusehen, sondern sich selbst schön zu fühlen. Und man sollte niemals der Mode folgen.» Das passt zum Statement von Miuccia Prada, die sagt: «Frauen sollten nicht auf Dresscodes achten, sondern sich instinktiv kleiden.» Zu dem Zweck sollte man sich auch die New Yorker Society-Lady Iris Apfel anschauen, die dieses Prinzip lebt.

Man bricht einen Stil, indem man einem scheinbar bekannten System, etwa dem Anzug mit Hemd und Krawatte oder – im Fall der Damenmode – dem Kostüm mit Bluse und Pumps, etwas Unerwartetes hinzufügt. Idealerweise nicht etwas Modisches, sondern ein Accessoire oder ein Kleidungsstück, das aus einer ganz anderen Ecke kommt, also aus der Berufsbekleidung, dem Militär oder mindestens aus der Freizeitmode. Wichtig ist auch, dass man heute nicht mehr so mit Casualwear, also mit Jeans, Trainerhose oder Turnschuhen den Stil bricht, sondern mit dem Gegenteil davon, also einer Smokingjacke, mit einer adretten Seidenbluse, einer Krawatte oder mit sehr eleganten hohen Absätzen.

Toll sieht es etwa aus, wenn jemand sehr ordentlich und «richtig» gekleidet ist, dann aber zum Beispiel eine Cargohose aus der Army dazu kombiniert. Oder wenn jemand ein Kapuzenjäckli unter einem eleganten Blazer hat. Und einen trashigen Gürtel oder billigen Schmuck zu einem sehr schönen Jackett. Gut funktionieren auch Combathose zum Smokinghemd oder High Heels zur Trainerhose. Ein weiteres gutes Stilbruchprinzip: sich als Frau im Schrank des Mannes bedienen, also Oversize-Blazer und Boyfriendhose.

Umgekehrt sollte man es aber besser sein lassen: Männer in Frauenkleidern sind auch heute noch nicht hip. Auch Turnschuhe zum Anzug sind bereits ein bisschen abgelutscht. Dieser Gag funktioniert nur noch mit leichten, unkonstruierten und legeren Baumwollanzügen in hellen Farben, sicherlich nicht mit einem gewöhnlichen grauen Business Suit. Jeans und Krawatte sind nur für sehr junge Typen zu empfehlen.

3. **DIE GARDEROBE DER DAME**

Einen kompletten Einkaufs- und Stylingratgeber für die Frau aufzulisten, würde mit Sicherheit das Format dieses Buches sprengen. Ausserdem sind solche Werke in ihrem Bemühen um Etikette und «korrektes» Auftreten oft unfreiwillig komisch und von sehr begrenzter Haltbarkeit. Schon Coco Chanel sagte Mitte des 20. Jahrhunderts: «Mode ist dafür gemacht, aus der Mode zu kommen.» Und Miuccia Prada, eine der bedeutendsten Erneuerinnen der Damenmode der letzten 25 Jahre, sagte einst, dass Frauen nicht auf Dresscodes achten, sondern «instinktiv die Kleider aus ihrem Schrank ziehen» sollten. Es kann in der Folge nur darum gehen, eine Art Minimalprogramm für eine stilvolle, zeitgenössische Garderobe zu Beginn des 21. Jahrhunderts zu formulieren.

Es ist unter Textil- und Modefachleuten eine bekannte Tatsache, dass der Mensch wahrhaftig vielleicht nur 5 Prozent des Gesamtangebots an Mode tatsächlich braucht, um gut auszusehen. Der grosse Rest ist dazu bestimmt, rasch den Weg der meisten Konsumgüter zu gehen, nämlich auf den Müllhaufen der Geschichte.

3.1 KANN MAN FARB- UND STILBERATERN TRAUEN?

Farbtypologien, die versprechen, das Leben zu erleichtern, sind mit Vorsicht zu geniessen. Oft führt eine Konsultation bei solch semiseriösen Feierabend-Stilberatern dazu, dass Menschen ein Leben lang eigenartige Regeln mit sich herumtragen, die sie wie Dämonen verfolgen und die sie nicht mehr loswerden. Sie sind dann plötzlich felsenfest davon überzeugt, ein «Blau-Typ» oder dergleichen zu sein. Wichtiger als die Frage, welchem Farbtypus man einen Menschen aufgrund seiner Haut- oder Haarfarbe zuteilen soll, ist die grundsätzliche Auseinandersetzung mit Stil, Angemessenheit, Qualität und Passform von Kleidung.

Ausserdem verändert sich das, was passt, auch mit dem Alter bzw. mit sich verändernder Haut- und Haarfarbe. Frauen mit einer gefestigten Stilsicherheit kennen «ihre» Farben und komponieren ihre Garderobe ganz von selbst in diesen Tönen. Oft legen sie sich ein System mit zwei Farbreihen zurecht, die idealerweise für sich alleine, aber auch untereinander funktionieren – etwa eine neutrale Palette (zum Beispiel Schwarz, Weiss und Grau) sowie eine «buntere» Auswahl. Wer die Outfit-Konzepte der grossen Stilikonen der Modegeschichte studiert, der merkt, wie wichtig es ist, sich zu entscheiden und das Arsenal an modischen Elementen, was man selbst einzusetzen gedenkt, radikal beschränkt. Klarheit schafft Erkennbarkeit. Und schon die unvergessliche Diana Vreeland wusste: «Eleganz ist Verweigerung.»

3.2 WELCHES SIND DIE WICHTIGSTEN STILIKONEN, DIE MAN KENNEN MUSS?

Die derzeit gerade sehr populäre Lady Gaga in Ehren, aber: Auch heute suchen viele Frauen nicht nach Extremen, sondern einem Ausdruck von klassischer, zeitloser Schönheit, wie sie Audrey Hepburn, Jackie Kennedy oder Grace Kelly hatten. Auch Sophia Loren oder Marylin Monroe werden gerne in dieser Ahnengalerie der Weiblichkeit geführt. Unter den Hollywood-Celebrities jüngerer Generation fallen Uma Thurman, Halle Berry, Scarlett Johansson oder Charlize Theron auf. Für viele junge Frauen sind das Model Kate Moss oder die Schauspielerin Sarah Jessica Parker die wichtigsten zeitgenössischen Stilvorbilder, weil sie die Multiplikation ihrer Looks mittels TV und Celebrity-Magazinen perfektioniert haben.

Wer auf dem Laufenden bleiben will, wie sich die Ikonografie des Stils verändert hat und weiterentwickeln wird, dem sei die «Best Dressed List» der amerikanischen *Vanity Fair* empfohlen, die seit 1940 jährlich erscheint. Grosse Namen, die mehrfach diese Liste zierten, sind etwa Coco Chanel, Jackie Kennedy, Grace Kelly, Audrey Hepburn, Prinzessin Caroline von Monaco, Mona von Bismarck, Babe Paley, Bianca Jagger, Tina Turner, Sophia Loren oder Iman Bowie. 2004 ist bei Assouline das Buch *Ultimate Style* von Bettina Zilkha erschienen, die diese Galerien auflistet – die Kriterien für die Aufnahme in der «Best Dressed List» sind im Vorwort der Listengründerin Eleanor Lambert festgehalten.

3.3 WAS MACHTE COCO CHANEL ZUR STILGÖTTIN?

Es ist der doppelte Impact ihres Schaffens, der Coco Chanel zu einer solch aussergewöhnlichen Figur machte. Jeanne Lanvin, Elsa Schiaparelli, Madeleine Vionnet oder Madame Grès hatten alle auch Erfolg in ihrer Zeit – aber Coco Chanel schaffte es zweimal, nämlich vor dem Zweiten Weltkrieg, als Befreierin der Frauen, die dem Jersey zum Durchbruch verhalf; und danach, als Comeback einer als Verräterin und Opportunistin Geschmähten und Verjagten, die es allen Zweiflern zeigte und in reifem Alter noch einmal die ganz grosse Karriere in Angriff nahm. Dabei war sie nicht mehr annähernd so innovativ, aber sie prägte ein bis heute gültiges Verständnis von Stil und Eleganz. Zu Coco Chanels Hinterlassenschaften in der Mode gehören der selbstverständliche Umgang mit dem davor höchstens für Sportkleidung akzeptablen Jersey sowie das Kostüm, eine Kombination aus kurzem Rock und kragenloser kurzer Jacke. Darüber hinaus natürlich die Kamelie, die Perlenkette und der Tweed mit einer kontrastierenden Kante. Mit diesen Zutaten kocht die Modebranche auch über 40 Jahre nach ihrem Tod noch gut gehende, «chanellige» Süppchen.

3.4 WIE MISTET MAN SEINEN KLEIDERSCHRANK AUS?

Jeder Mensch, der die Mode und sich selbst schätzt, sollte einmal in der Saison seinen Kleiderschrank aus- und aufräumen. Es ist befreiend, Ordnung zu machen, sich Klarheit bezüglich seines Selbstbildes zu verschaffen und sich von Zeugen verblassender Moden rechtzeitig zu verabschieden. Dazu nimmt man zwei Kleiderständer, stellt sich in Unterwäsche vor den Schrank und beginnt, alles anzuprobieren. Was noch passt, tadellos sitzt, intakt ist und auch nicht in die Reinigung muss, kommt auf den Ständer mit den «Überlebenden» für die nächste Saison. Allerdings ist immer auch die Sicherheitsfrage angebracht: Wurde ein Kleidungsstück auch wirklich getragen, oder war es vielleicht eine modische Fehlinvestition? Denn wenn ein Kleidungsstück während eines ganzen Jahres nie getragen wurde, gehört es auch nicht länger in die Garderobe.

Was nicht mehr ganz frisch ist und ein wenig Unterhalt bedarf, kommt auf den anderen Ständer. Diese Sachen bringt man zur Schneiderin oder zur Reinigung. Und was nicht mehr passt oder gefällt, kommt auf den Boden. Was am Schluss am Boden liegt, teilt man dann noch einmal in zwei Haufen – einen mit Dingen, die man unmöglich noch verschenken oder verkaufen kann und solche, mit denen man anderen Menschen vielleicht eine Freude machen kann. Der Haufen mit den Undingen kommt in die Altkleidersammlung, der Rest wird zum Secondhandshop gebracht oder, wenn man die Zeit dafür hat, fotografiert und im Internet zum Verkauf angeboten. Grosse Marken erzielen so teilweise noch beachtliche Preise – und relativieren so den höheren Anschaffungspreis. Und am Schluss bitte staubsaugen!

3.5 WARUM SIND MODELS HEUTE SO DÜNN?

Die mit einiger Regelmässigkeit vorgetragene Kritik an der medialen Gewohnheit, bevorzugt extrem schlanke Models in ausgefallenen Roben zu präsentieren, ist ein Scheingefecht unserer Zeit. Denn tatsächlich werden die Frauen nicht immer dünner, sondern immer dicker. Ärzte werden diesen Befund mit entsprechenden Zahlen belegen können. Wohl ist es aber auch wahr, dass sich viele Lifestyle-Publikationen von einer realitätsnahen, also nachvollziehbaren Darstellung der Mode verabschiedet haben. Meistens wird Mode als fiebertraumartige Über-Realität inszeniert. Das Model wird mit allen Tricks der Bildbearbeitung idealisiert und nötigenfalls langgestreckt. Das ist nicht per se verwerflich, sondern durchaus ästhetisch – denn die Aufgabe von Models oder inszenierter Modefotografie ist es ja, die Dinge zu dramatisieren und zuzuspitzen. Die Aufgabe eines Models war immer schon, die Mode durch Übertreibungen wirksam werden zu lassen. Das ist auch kein neues Phänomen: Jedes Zeitalter und jede Kultur hatte oder hat ihre eigenen Formen der idealisierten Darstellung. Wer dies versteht, wird Models mit anderen Augen sehen und abstrahieren können. Dagegen wird eine Frau, die den Models direkt nacheifert, ins Unglück stürzen.

3.6 WARUM TRAGEN FRAUEN KAUM NOCH KLEIDER?

Die Kleidung der Menschen bewegt sich immer mehr auf einen für beide Geschlechter geltenden gemeinsamen Nenner zu. Schon heute besteht gut die Hälfte der klassischen Damengarderobe aus Adaptionen von maskulinen Formen: Bluse, Blazer und Hose sind allesamt dem Lounge Suit des Mannes nachempfunden. Darüber hinaus gibt es aber eine Reihe von genuin weiblichen Kleidungsstücken – dazu gehört das Kleid. Das «Kleid für alle Fälle», oft auch «das kleine Schwarze» genannt, ist etwa knielang und aus einem dunklen, nicht glänzenden Stoff gefertigt, der höchstens leicht dehnbar ist. Es kann ein aufgesetztes Gürtelchen haben, aber am schönsten ist es, wenn es ohne grosse Tricks und Applikationen auskommt. Die hohe Kunst ist es, ein Kleid zu finden, das richtig sitzt – also in der Taille schön die Figur betont, aber an der Hüfte nicht aufliegt oder spannt. Wer es genau nimmt, kommt daher oft nicht um individuelle Retuschen herum.

Nach klassischer Lehre ist das Tageskleid nicht oder nur leicht dekolletiert und hat keine Ärmel – im Office wird es darum immer nur zusammen mit einer passenden Jacke getragen. Mit einem Paar hohen Schuhen und zu einem festlichen Jäckchen oder einem glamourösen Schal getragen, darf dieses Kleid als einziges den fliegenden Wechsel von der Tages- in die Abendgarderobe machen. Eine jüngere, aber sehr populäre Variante des kleinen Schwarzen ist das Wickelkleid (Wrap Dress) aus dehnbarer Maschenware. Es ist bequem, praktisch, unkompliziert und sexy – und darum schon fast das ideale Kleid für eine leichte Reisegarderobe. Dass es nicht öfter getragen wird, kann nur daran liegen, dass man bei einem Kleid neben den passenden Schuhen auch gute Beinarbeit beachten muss. Da ist die Hose – leider! – einfach unkomplizierter, wenngleich selten raffinierter als das Kleid. Was jedoch absolut nicht geht, ist jede Art von Stretchkleid (ausser eben der erwähnte Wrap Dress). Kleider, die auf der Haut aufliegen wie Wurstpellen, gehören ins Milieu der Nachtklubs.

3.7 WIE FUNKTIONIERT DIE SACHE MIT DER RICHTIGEN ROCKLÄNGE?

Man sagt, dass Rocklängen ein zuverlässiger Indikator für die Wirtschaftslage sind: Geht es aufwärts, tragen die Frauen kurz, und kippen die Börsen ins Negative, fallen die Säume. So will es eine populäre textile Bauernregel. Sie ist jedoch Makulatur, seit das Massachusetts Institute of Technology festgestellt hat, dass es zu viele Ausnahmen gibt, um die Regel zu bestätigen. Ausserdem ist die absolute Gültigkeit von bestimmten Rocklängen sowieso ein Ding vergangener Tage. Heute trägt man gleichzeitig lang, medium oder kurz, weit, eng, A- oder O-Linie. Die multioptionale Mode gibt nicht mehr vor, wie lange ein Rock gerade zu sein hat, sondern bietet parallel verschiedene Möglichkeiten an.

Die Rocklängendebatte entzündet sich meist am Minirock. Er ist derzeit so sehr aus der Mode, dass man ihn selbst in extrem zeitgeistresistenten Provinzwarenhäusern kaum mehr findet. Doch er kehrt immer wieder. Eine letzte Hochblüte erlebte der Minirock in den späten 1980er-Jahren, als The Bangles oder Julia Roberts alias «Pretty Woman» das Ding noch einmal perfekt in Szene setzten. Danach kam der Mikromini, der aber immer eine Randerscheinung blieb. Überlebt hat nur der Jeans-Mini, der etwas weiter getragen wird, doch den sollten sowieso nur noch Mädchen im Alter von 15 bis 25 Jahre anziehen.

Im beruflichen Umfeld sollten Röcke nie kürzer sein als maximal eine Handbreit über dem Knie. Allerdings: Welche Handbreite nimmt man? Die eigene – oder die Pranke des Kollegen? Eine alte Faustregel besagt auch: Die Rocklänge einer Dame muss mindestens dem Umfang ihres Oberschenkels entsprechen. Darin ist durchaus eine gewisse Logik erkennbar. Und: Wenn das Verhältnis von Taille zu Hüfte grösser als 85 Prozent ist, sieht dieses Kleidungsstück nicht mehr elegant, sondern plump aus.

Von unvergänglicher, zeitloser Schönheit für erwachsene Frauen ist der gerade Rock, am besten als knielanger, zum Bein hin etwas sich verjüngender Pencil Skirt mit kurzem Schlitz. Dieser Rock macht aus einer Frau eine Lady und verfügt über eine gute Portion semikonservativen Sexappeals. Er ist figurbetont und scheint zum Knie hin enger zu werden, bietet aber dank einem Schlitz dennoch genügend Bewegungsfreiheit. Dieser Rock ist eine angemessene Wahl für die Business-, aber auch die gepflegte Vorabendgarderobe. Eine echte Herausforderung ist der wadenlange Rock: Es bedarf schon zweier ausreichend langer und schlanker Beine, um ein Kleidungsstück, das ausgerechnet bis zur breitesten Stelle des Unterschenkels reicht, gut aussehen zu lassen.

3.8 WARUM TRAGEN VIELE FRAUEN ZU ENGE HOSEN?

Es kann nicht daran liegen, dass sie sich darin besonders wohl fühlen. Also muss es damit zu tun haben, dass sie glauben, dass aus dem Hosenbund hervorquellendes Sitzfleisch «irgendwie noch sexy» sei. Was für den Rock gilt, darf für die Hose auch gesagt werden – sie muss sitzen, auf der Hüfte, am Hintern und in der Taille, und darin liegt die Krux. Zudem sollte die Länge stimmen: bis fast zum Boden oder zum Absatz, nicht länger oder kürzer. Deshalb gilt: Beim Probieren von Hosen auch immer die rückwärtige Ansicht im Auge behalten. Wenns hier zwickt, sieht eine Hose zu eng aus, ganz egal, ob sie bequem ist. Im Zweifelsfall ein kritisches Urteil einer nahestehenden Person einholen.

Wer den Hintern und die Beine dazu hat, der versuche sich auch an der sehr schmalen Bleistifthose mit ultraschlankem, aber nicht hautengem Bein. Am schönsten, weil zeitlosesten ist aber die gerade geschnittene Hose – sie ist an den Hüften schmal und ab dem Oberschenkel weit, eventuell für ein bisschen Extradrama auch ab Knie leicht ausgestellt. Diese fliessende und lange Linie streckt die Silhouette – ein leicht erhöhter Taillenbund dramatisiert diesen Effekt zusätzlich und kaschiert oft auch einen weichen Bauch.

Neu werden auch wieder Bundfaltenhosen getragen, sowie im ganz modischen Bereich sogenannte Boyfriendhosen, die aussehen, als hätte man dem Lover die Anzugshose ausgeliehen. Sie werden mit einem Gürtel in der Taille festgezurrt und sehen absichtlich ein paar

Nummern zu gross aus. Vorläufig schubladisiert werden die Leggings. Denn Stretchhosen gehören in 99 Prozent der Fälle auf die schwarze Liste der Kleidungsstücke, die nicht mehr öffentlich getragen werden sollten. Leggings höchstens noch als Ersatz für Strumpfhosen, aber nicht als selbstständiges Kleidungsstück.

3.9 UM WELCHE JEANS KOMMT FRAU NICHT HERUM?

Eine, die gut sitzt, punkt. Das würde bedeuten, dass die Hose dem Gesäss den nötigen Raum bietet, den es abverlangt und es nicht unnötig einpfercht. Denn es spazieren schon zu viele zu enge Jeans auf dem Erdball herum. Manche Frauen tragen ihre Jeans so eng, dass sie sich darin kaum setzen können. Dabei sind die zwei Nummern zu knappen Röhrenhosen ebenso ein Ding der Unmöglichkeit wie die sogenannten Luxus-Jeans mit üppiger Logo-Stickerei auf den Gesässtaschen, die meistens das viele Geld nicht wert sind, das man dafür aufbringen muss.

Eine gute, zeitgemässe Jeans sollte relativ schlicht, essenziell und gut geschnitten sein. Dunkle Töne und diskrete Waschungen sind zeitgemässer als die absichtlich stark verwaschenen, zerstörten oder gar bereits wieder reparierten Beinkleider. Deshalb: Eine schmale Jeans in einem schönen, dunklen Denimton, eine 70er-Jeans mit leichtem Schlag, eine stone-washed Bequem-Jeans (auch Boyfriendhose) sowie Varianten in dunkeln oder knalligen Tönen gehören zur Grundausrüstung einer Dame.

Ein Wort noch zum Einsatzbereich von Jeans: Man sollte sie, entsprechend elegant kombiniert, heute auch im Businessbereich tragen können. Nicht mehr ganz up-to-date sind Firmen, die bis heute an einer strikten No-Jeans-Policy festhalten. Das ist kurzsichtig und veraltet, denn eine Jeans, zu einem eleganten Blazer und mit tollen Schuhen getragen, sieht oft viel moderner aus als eine langweilige Baumwollhose mit halbherzigen Alltagsschuhen.

3.10 KANN MAN AUCH ALS REIFE DAME NOCH EINE BIKERJACKE TRAGEN?

Man kann, aber man sollte sich der veränderten Konnotation dieses in den letzten Jahren auch von der Haute Couture beachteten Kleidungsstückes bewusst sein. Es ist inzwischen so verbreitet, dass es seine ursprüngliche, provokative Kraft weitgehend eingebüsst hat. So hat das Deutsche Mode-Institut in Köln im Jahre 2010 die Halbwertszeiten von Street Styles erforscht und festgestellt, dass der Rocklady-Look mit Bikerjacke und Röhrenhose (schon damals) nicht mehr der Look der Kids, sondern jener der «best agers» war. Es ist von unfreiwilliger Komik, aber wohl wahr: Während reifere Damen heute auf wilde Bitch machen, begeistern sich die jungen Trendsetter eher wieder für bürgerliche Klassiker wie Twinset, Foulard und Camel-Coat.

3.11 SIND STRICKJACKEN NICHT ETWAS FÜR OMAS?

Die Strickjacke ist ein Wohlfühlteil für alle Lebenslagen und soll am besten voluminös und kuschelweich sein, in unprätentiösen Schnitten und Maschen. Ausser Schurwolle, Kaschmir und Seide kommen keine anderen Fasern infrage: Dieses wärmende Extra trägt man oft hautnah, und entsprechend natürlich und sinnlich sollte das Materialempfinden sein.

Da ist zum einen das klassische, schlanke Modell in Feinstrick, mit körperbetontem Schnitt, tailliert oder gegürtet, losem Schalkragen oder feinen Applikationen. Dann gibt es die voluminöse Strickjacke, die ein dreidimensionales Maschenbild hat und in guten Momenten eine Jacke ersetzen kann. Diese Art von Strickjacke empfiehlt sich fürs Weekend und den Abend vor dem Kamin, aber nicht so sehr fürs Office, wo sie vielleicht einen Tick zu gemütlich wirken kann. Eine moderne Alternative ist der lose fallende Strick-Kimono, der als weite Hülle umgeschlagen wird. Die deutlich konservativere Halbschwester der Strickjacke ist das Twinset – eine unverwüstliche und praktische Kombination aus einem feinen Pullover, meist kurzärmlig, mit Rundhalsausschnitt oder Rollkragen und einem Strickjäckchen aus demselben Material.

3.12 SIND ANIMAL PRINTS EIN ZEICHEN FÜR SCHLECHTEN GESCHMACK?

Früher waren Leopard-, Zebra- oder Tigermuster ein sicherer Hinweis auf schlechten Geschmack und wurden nur von älteren Damen in der Provinz getragen, doch seit einiger Zeit sind diese Animal Prints wieder sehr salonfähig, ja hip. Der jüngste Leo-Trend kam ursprünglich von der Strasse und wurde dort ironisch getragen, also als Persiflage auf die aufgedonnerte Millionärsgattin im Pelz. Über Style-Blogs hat sich der schräge Look nun in der ganzen Welt verbreitet.

Hoch im Kurs sind alle gefleckten Raubkatzen wie Leopard, Tiger, Luchs, Ozelot und Gepard, aber auch andere grössere Wildtiere, zum Beispiel Giraffen oder Zebras. Nicht zu vergessen sind die Schlangenmuster so wie neuerdings auch Federkleider von exotischen Vögeln. Allerdings trägt man Animal Prints heute nicht mehr wie einst als einzelnes Accessoire, um einen sonst langweiligen Look ein bisschen aufzupeppen, sondern selbstbewusst, grossflächig und, wenn man den Nerv dafür hat, auch als «total look». Man kann also durchaus auch einmal versuchen, verschiedene Animal Prints zu kombinieren und so ein eigenes Zoo-Mischmasch zu machen. Es funktioniert vor allem dann gut, wenn man über die Gattungsgrenzen hinaus kombiniert, also eine Raubkatze zu einer Schlange oder dem bunten Federkleid eines Vogels. Man kann auch mit Transparenz arbeiten, das ergibt teilweise überraschende Effekte.

Wer nicht wirklich sattelfest ist, sollte allerdings lieber bei Accessoires wie Schuhen, Taschen, Hüten, Gürteln oder Schals bleiben. Stretch-Leggings mit Leopardenmuster sehen fast immer billig aus, genauso wie Overknee-Stiefel in Animal-Print-Mustern. Auch für den Kaninchenfellmantel mit gedruckten Ozelotflecken braucht man ein stabiles Selbstbewusstsein. Komplett verpönt sind echte Raubkatzenpelze: Seit dem Abschluss des Washingtoner Artenschutz-Abkommens von 1973 ist dies auch strafbar.

3.13 KANN MAN HEUTE NOCH PELZMÄNTEL TRAGEN?

Wer Echtpelz trägt, der hat sich die damit verbundene Gewissensfrage bestimmt gestellt. Niemand wird einen Pelz ahnungslos bzw. im Unwissen über dessen Herkunft tragen, ausser die Legionen von Teenagern, deren Jacken einen kleinen Pelzrand an der Kapuze haben, der oft aus denkwürdigsten Farmen stammt. Über dieses Massenphänomen sollte die Anti-Pelz-Lobby schimpfen, und nicht über die im Vergleich zu früher nur noch vereinzelt getragenen Pelzmäntel.

Ausserdem gibt es ja durchaus Pelze, die zu tragen sinnvoll sein kann, weil die Tiere nicht zur Pelzgewinnung, sondern zur Fleischproduktion oder zur Bestandesregulierung erlegt wurden. Kaninchen oder Lammfell gehören dazu. Ausserdem bemüht sich die Kürschnerszene seit einigen Jahren tapfer, den zu Unrecht verschmähten heimischen Rotfuchs populär zu machen. Wem dies alles noch immer zu grausam ist, der trage mit Stolz und Lässigkeit Kunstpelze – solange sie gut gemacht sind.

3.14 WIE MUSS EIN GUTER MANTEL AUSSEHEN?

Jedes Jahr im September wird von der Mode «der neue Mantel» ausgerufen – kaum sinken die Temperaturen unter sommerliche Werte, kommt der Wetterschutz für die kühleren Tage wieder in die Regale. Es gibt Dutzende von Mantelformen, Schnitten und Materialien. Wichtig ist aber immer eines: dass der Mantel seiner ursprünglichen Funktion gerecht wird und seine Trägerin schützt und wärmt. Tut er das nicht, ist er nichts weiter als ein Modefurz. Zudem soll er aus dem bestmöglichen Material geschnitten sein – gerne Kaschmir, aber auch aus feiner Schurwolle. Nach klassischer Lehre ist der Mantel die äusserste und daher längste Schicht eines gut komponierten Looks. Ausnahmen gelten für besondere modische Effekte (wie etwa den Zwiebellook).

Die Designer haben viel dafür getan, diesen zwischenzeitlich etwas geschmähten Grundbaustein weiblicher Eleganz wieder in den Fokus zu rücken. Es gibt heute eine Vielzahl innovativer Mäntel, die in ihrer skulpturalen Art teilweise an die glorreichen Tage der Haute Couture erinnern. Das heisst, der Mantel wird, wenn er nicht schmal und körpernah geschnitten ist, heute auch wieder weit und extralarge getragen, in A-Linie geschnitten oder gar als neue Tonneau-Form. Wobei im letzteren Fall natürlich darauf zu achten wäre, dass der Mantel dann nicht ausgefüllt wird, sondern ein grosszügiges Luftpolster einschliesst. Als Alternative zum Mantel hat sich der sportive Parka aus wind- und wasserabweisenden Kunststoffen etabliert. Er mag zweckmässig sein, kann aber niemals mit der klassischen Eleganz eines gut geschnittenen Mantels mithalten.

Richtiggehend grausam sind hingegen die formlosen, wattierten Schlafsäcke aus Nylon und Polyester, die Frauen zu einer Art Raupen machen. Sie mögen warm und problemlos sein, aber elegant sind sie niemals.

3.15 BRAUCHT EINE FRAU EINEN TRENCHCOAT?

Der Trenchcoat kommt aus den Schützengräben des Ersten Weltkriegs und hat seit seiner Erfindung durch Thomas Burberry einen weiten Weg zurückgelegt. Dieser einst rustikale Manteltyp hat dabei sogar seine sexuelle Präferenz gewechselt: Der Trench ist heute ein ausgesprochen femininer Klassiker. Frauen, nehmt dieses grosszügige Geschenk dankbar an – es geschieht nicht oft, dass euch die Männerwelt etwas kampflos überlässt!

Der Trenchcoat wird aktuell kniekurz (oder auch kürzer!) getragen – mit einem Gürtel auf Taille gezogen oder offen. Dabei kann man den Gürtel im Rücken zusammenbinden, um dem Mantel auch offen eine taillierte Form zu geben. Nach wie vor ist der Trenchcoat in erster Linie ein funktionales Geschöpf: Er muss einem mindestens 40-minütigen Spaziergang im Regen ohne durchzunässen standhalten. Tut er das nicht, ist das Material oder die Machart von minderer Qualität.

Wer die fixe Idee mit sich herumträgt, dass ein Trenchcoat immer auch ein Stück bürgerliche Biederkeit ausstrahlt, der möge sich auf der wunderbaren Website «The Art of the Trench» bezüglich der vielfältigen Stylingmöglichkeiten dieses nie aus der Mode kommenden Mantels weiterbilden.

3.16 WIE TRÄGT FRAU EINEN BLAZER?

Die Tailleur-Jacke, umgangssprachlich auch einfach Blazer genannt, trägt man seit einiger Zeit recht kurz, also bis maximal zur Hüftlinie reichend und einreihig, stark tailliert und mit schmaler, präzise akzentuierter Schulter. Abends macht sich ein gut geschnittener Blazer mit gerader, weich fallender Hose sehr gut als Ersatz für das Cocktailkleid. Dem Revers kommt eine Schlüsselrolle zu: Es sollte nicht derart hoch geschlossen sein, dass darunter jegliche Phantasie begraben wird, sondern soll tagsüber der Bluse und abends dem Dekolleté Raum geben.

Eine Blazerjacke wird, so sie zahlreiche Knöpfe hat, ganz geschlossen – oder offen getragen. Wenn die Jacke aber deutlich dem Männersakko nachempfunden ist und etwa nur drei Knöpfe hat, dann bleibt, wie bei den Männern, mindestens der unterste Schliessknopf auf. Bezüglich dieser Frage herrscht aber auch unter sehr gut gekleideten und stilkompetenten Damen nicht in ähnlicher Weise Klarheit wie unter den Männern. Dort ist klar: Der unterste Knopf bleibt bei einreihigen Jacken immer offen.

3.17 WIE TRÄGT MAN BLUSEN, OHNE WIE EINE SEKRETÄRIN AUSZUSEHEN?

Blusen scheinen etwas aus der Mode gekommen zu sein – sie werden zwar noch im traditionellen Businessumfeld getragen und geschätzt, aber haben gegen T-Shirts einen schweren Stand. Dies ist kein neues Phänomen, Christian Dior schrieb schon 1954, dass «Blusen heute leider nicht mehr so oft getragen werden wie früher und mich das schade dünkt». Allerdings: Im modischen Bereich haben in jüngster Zeit Blusen mit romantischen oder viktorianischen Elementen wie Schleifen, Stickereien oder Volants Boden gut gemacht – andererseits verzeichnen auch maskulin angehauchte Blusen wie etwa Abwandlungen des vorne gestärkten Smokinghemdes guten Zulauf.

Eine Bluse braucht eine gewisse Lässigkeit. Wer die Bluse bis zum Hals zuknöpft, sieht automatisch wie die Rektorin eines Mädcheninternats aus. Die beiden obersten Knöpfe bleiben geöffnet – bis zwei Finger breit übers Brustbein darf man blicken lassen. Tiefergehende Enthüllungen sind kaum schicklich – und im geschäftlichen Kontext wohl auch das falsche Ausdrucksmittel.

Blusen sollten ausschliesslich aus feinen Naturfasern sein, also aus Baumwolle oder Seide. Leichte Beimischungen von Stretch oder Lycra sind okay, solange sie nicht dazu benutzt werden, die Bluse ein paar Konfektionsgrössen zu klein zu tragen. Augenmass ist auch bei transparenten Stoffen oder Einsätzen gefragt. Gute Chiffon- und Voileblusen sind vorne doppellagig gearbeitet. Vorsicht auch vor stark glänzenden Satinblusen, die oft eben nicht glamourös, sondern ein bisschen billig aussehen.

3.18 WIE VIELE PAAR SCHUHE DARF EINE GEISTIG GESUNDE FRAU IM SCHRANK HABEN?

«Eine Frau sollte mindestens 50 Paar Schuhe haben», sagte der renommierte Pariser Schuhdesigner Pierre Hardy einst in einem Interview mit der *NZZ am Sonntag*. Ein Befreiungsschlag für die Damenwelt – den der Herr Hardy allerdings wohl nicht ganz selbstlos führte. Allerdings: «Ab 200 Paar wirds langsam ein Fall für den Psychiater», so Pierre Hardy weiter. Imelda Marcos war mit 1200 Paar Schuhen also ein Fall für den beratenden Dienst. Doch welche Schuhe sollen es sein? Ballerinas sind zuverlässige, Fuss und Gelenke schonende Alltagsschuhe von zeitloser Eleganz. Niemand trug sie so lässig wie Audrey Hepburn. Wer lange Beine hat, trägt sie zum kurzen Rock, wer einen etwas kürzeren Gehapparat hat, der ist mit einem kleinen Absatz besser beraten.

Pumps, also Schuhe mit Absätzen, sollten nach konventionellen Lehrsätzen fürs Business bis maximal 7 Zentimeter hoch sein und eine geschlossene Zehenpartie haben. Peeptoes, also Schuhe mit offener Spitze, aus denen der Zeh («toe») frech hervor«peept», haben sich als modische Alternative etabliert, sind aber nach klassischer Lehre eher etwas für abends – genau wie die Slingpumps mit offener Fersenpartie oder Stilettos mit mehr als 8 Zentimeter Absatzhöhe. Die Absatzformen variieren mit der Mode, doch es gibt zwei Bauarten, die immer eine eindeutige Konnotation haben: Der nackte metallene Stift hat immer etwas Vulgäres, und der breite Blockabsatz etwas Grobes und Unsensibles. Bezüglich der Kappenformen sind die spitzen wie die runden Formen möglich: Retro und rund war eine ganze Zeit neu, doch langsam melden sich auch spitze Pumps wieder zurück.

Im Herbst führt kein Weg am Stiefel vorbei. Sie geben einem Look Kraft und Boden, wenn sie robust und kernig geschaffen sind – oder verleihen einer Frau Sexappeal, wenn sie das Bein gekonnt dramatisieren. Chic sind klassische Reiterstiefel, doch zum Schlimmsten und Unvorteilhaftesten in der Welt der Schuhe gehören Stretch- oder Kunstlederstiefel. Damit ruiniert man das teuerste Outfit und sieht überdies sehr schnell aufgequollen aus.

3.19 WIE HOCH DÜRFEN DIE ABSÄTZE EINER DAME SEIN?

Frauen lieben hohe Absätze, mögen die Orthopäden noch so heftig ihre Köpfe schütteln. Wann allerdings welcher Absatz zum Einsatz kommt, wird weder in schmissigen Fernsehdialogen noch in entsprechender Fachliteratur hinreichend dargelegt. Auch das aufgeregte Gebell um «Manolo!, Manolo!», das unvermeidlich durch die Gazetten schallt, hilft nicht viel weiter – der alte Herr Blahnik bietet nämlich kaum Modelle mit Absätzen unter 12 Zentimetern an. Frau ist also auf den eigenen Instinkt angewiesen. Wer sich absolut sicher ist, auch auf 10-Zentimeter-High-Heels schadlos die nächsten Stufen der beruflichen Karriereleiter nehmen zu können, der ist selbstverständlich frei, der Leidenschaft für hohe Absätze auch im Büro zu frönen. Doch soll man sich dann nicht über irritierte Blicke wundern, denn allgemein gilt in unseren Kulturkreisen eine Absatzhöhe von 5 bis maximal 8 Zentimetern für ein klassisches Business-Outfit als schicklich. Zudem sollten weder die Zehen noch die Ferse sichtbar sein. Dies sind die Normen – doch wer ist schon normal?

Für die der Situation angepasste, richtige Absatzhöhe gibt es eine sehr einfache Formel: Frau von Welt folgt den Zeigern der Uhr. Der Tag beginnt um 6 Uhr mit einer Absatzhöhe von einem Zentimeter. Mit jeder Stunde des Vormittags zählt man nun einen Zentimeter dazu. Um 9 trägt man also 3 Zentimeter, um 11 schon 5 und um 12 Uhr 6 Zentimeter. Dann beginnt die Zeitrechnung wieder von vorne: Um 1 Uhr mittags ist wieder ein Zentimeter vorgesehen. Weil die Uhr nun aber nicht sechs, sondern zwölf Stunden läuft, ist mehr herauszuholen. Der Afterwork-Drink kann also schon in 7-Zentimeter-Hacken genossen werden, das Date um 9 Uhr wird in schon relativ gewagten Schuhen begrüsst, und um 11 oder 12 geht es ohnehin nicht mehr ums Gehen, sondern nur noch ums Aussehen.

3.20 KANN MAN PEEPTOES AUCH MIT STRÜMPFEN TRAGEN?

Peeptoes sind ausgesprochene Frühlings- oder Sommerschuhe, die eigentlich nicht dazu gedacht sind, mit Strümpfen getragen zu werden. Tatsächlich sehen durchscheinende Strümpfe in diesen Schuhen auch nicht sehr gekonnt aus. Die Kombination mit blickdichten Nylons sieht man dennoch des Öfteren, und manchmal sieht es sogar sexy und ladylike aus – solange man keine Strümpfe anzieht, die vorne am Zeh sichtbare Verstärkungen oder deutlich sichtbare Nähte haben.

Dass Peeptoes, die in den 1950er-Jahren ihre Blütezeit hatten und seither zum Evergreen der klassischen Damengarderobe mutiert sind, heute auch mit hohem Schaft und fester Sohle verkauft werden, zeugt zwar von einem unbeugsamen Willen zur Kreativität seitens der Designer, jedoch auch von mangelndem Realitätssinn der Kundinnen.

3.21 DARF MAN IN HOCHHACKIGEN SCHUHEN EINE JACHT BETRETEN?

Hochhackige Schuhe sind bei Bootsbesitzern tatsächlich überaus verpönt – sicher während des Segeltörns. Denn Absätze sind an Bord einfach nicht brauchbar, ausserdem hinterlassen Stiftabsätze unter Umständen Abdrücke auf dem Holzdeck. Allerdings: Wenn jemand ein Boot im Hafen von Saint-Tropez liegen hat und darauf ein Fest veranstaltet, wird es wohl keine Zweimann-Segeljolle sein und darf man etwa zu freizeitlichen Wedges, Schuhen mit Keilabsätzen aus Kork, greifen. Die geben auch etwas mehr Halt, wenns dann schwankt. Noch eleganter ist es aber, einfach seine Schuhe auszuziehen und barfuss zu gehen. Galante Jachtbesitzer, die regelmässig Besuch haben, halten für diesen Fall auch immer einen Satz frischer Espadrilles in verschiedenen Grössen bereit.

3.22 WIE TRÄGT MAN ALS FRAU TURNSCHUHE, OHNE DAMIT BANAL AUSZUSEHEN?

Sneakers sind ein verbreitetes, wenngleich oft leidenschaftsloses Modephänomen: Sie werden meistens gedankenlos und unmotiviert kombiniert, weil sie bequem sind. Turnschuhe zu Jeans und Kapuzenjäckchen – und fertig ist der Unisex-Look für alle Altersgruppen. Eleganz funktioniert jedoch anders. Cool sind Turnschuhe erst, wenn man sie als gezielten Stilbruch in ein eher förmliches Outfit einfügt, etwa wenn man sie zu einer weiten, geraden Männerhose kombiniert. Das konterkariert die Strenge des Kleidungsstücks geschickt.

Merke: Schuhe mögen sich zwar am Menschen ganz unten befinden, stehen aber in der Liste der Dinge, die ein Outfit wirklich gut aussehen lassen, ganz zuoberst. It's the shoe that makes the lady!

3.23 BRAUCHT MAN HEUTE NOCH IT-BAGS?

Die Handtasche hat sich in den letzten Jahren zum Hauptumsatzträger und Imageträger der Luxusgüterindustrie entwickelt. Den Anbietern solls recht sein, denn: Die tragbaren Behältnisse sind relativ einfach zu produzieren, zu transportieren und zu lagern und passen überdies ohne Passformproblem zu den meisten Kundinnen. Die teuren Marken haben das Phänomen der It-Bag also nicht geschaffen, um den Frauen die Probleme beim Verstauen ihrer Alltäglichkeiten zu helfen, sondern sie zu immer neuen Einkäufen zu stimulieren.

Allerdings war die Tasche schon immer ein wichtiges Element, um ein Outfit mit wenig Aufwand zu variieren. «Man kann den ganzen Tag dasselbe Kostüm tragen, aber nicht dieselbe Tasche», sagte Christian Dior. Und da ist noch immer etwas dran: Ein abendlicher Auftritt verlangt nach anderen Taschen als der Besuch im Yogastudio.

Eine Frau muss heute mindestens drei Handtaschen haben:

1. Eine Alltagstasche, also ein nicht zu kompaktes, strukturiertes und belastbares Modell. Diesbezüglich ist man bei den klassischen Herstellern wie Hermès, Goyard, Louis Vuitton oder Longchamp (sowie deren «lookalikes») gut beraten. Populär sind auch die etwas grösseren Modelle, die auch über die Schulter gehängt werden können – das kann ein weicher Shopper sein oder ein geräumiger «sac» wie etwa der schöne, bereits zum Klassiker avancierte Cabat von Bottega Veneta.

2. Eine sportliche Tasche braucht man für ebensolche Aktivitäten: geräumig genug für die benötigten Kleider und Schuhe; clever genug, um auch feuchte Wäsche zu transportieren. Stella McCartney hat sich des Problems angenommen und entwirft Taschen, die nicht aussehen, als hätte man Ivan Lendls Tennistasche geerbt.

3. Eine Abendtasche für die nötigsten Dinge zum Cocktail oder grossen Fest: klein, leicht und schmückend, aus hochwertigem Exklusivleder oder festlichem Stoff gefertigt. Eine solche Tasche kommt nicht oft zum Einsatz, doch komplettiert sie eine festliche Robe meisterlich.

3.24 JE SPÄTER DER ABEND, UMSO KLEINER DIE TASCHE – IST DAS ALTMODISCH?

Diese Faustregel ist völlig korrekt, doch investieren viele Damen ihr Geld lieber in gut sichtbare Grossbehältnisse, die sie dann ins Theater schleppen. So manche Wirbelsäule ist schon völlig krumm von den extragrossen Taschen, die mit einem halben Hausrat vollgestopft sind. Da können Frauen mit kleinen, eleganten Clutches (Abendtaschen) nur mitleidig lächeln. Eine Abendtasche sollte klein und delikat sein – idealerweise findet darin nicht viel mehr als ein schlankes Mobiltelefon, ein Taschentuch, etwas Make-up und ein flaches Etui mit Kredit- oder Visitenkarten Platz. Für eine Party oder eine Opernpremiere sollte man damit ausreichend gerüstet sein.

Frauen, die an Abendveranstaltungen quer über die Brust eine Kuriertasche mit breitem Band umgehängt haben, sind zu bemitleiden. Denn sie wirken damit, als hätte ihnen ihr Kalender null Zeit gelassen, sich zwischen Alltag und Abend noch umzuziehen. Solche Grossgebinde sind sicher eine flotte Erfindung für Fahrradkuriere, sportliche Männer oder Studenten, doch Frauen sehen mit einem solchen Grossbeutel einfach nicht chic aus, abends schon gar nicht. Auch Rucksäcke überlasse man gelassen den ewig adoleszenten Männertypen.

3.25 SOLL MAN HANDTASCHEN MIT LOGOS KAUFEN?

Deutlich erkennbare Schriften und allzu sichtbar placierte Markenlogos sind etwas für Anfänger oder Menschen mit überzeichnetem Geltungsbewusstsein. Auch finden sie bei Vertretern des Prekariats wesentlich mehr Zuspruch als bei wirklich distinguierten Leuten – man sollte also sorgfältig auswählen, zu welcher Gruppe man sich selber zählt. Falls letzterer den Vorzug gegeben wird, sollte man um beschriftete oder mit Logos dekorierte Produkte einen grossen Bogen machen oder besser noch: Man sollte sich darum bemühen, dafür bezahlt zu werden, um mit solch plakativer Markenwerbung herumzuspazieren.

Eine Ausnahme gibt es jedoch: Das Monogramm-Canvas von Louis Vuitton hat die Sphäre der plumpen Markenwerbung längst verlassen und kann heute abstrakt gelesen werden, also wie ein Muster oder eine Farbe. Wem auch dieses Muster noch zu plump und durchschaubar ist, dem darf man zu den praktischen Alternativen des ebenso traditionsreichen und qualitätsversessenen, aber etwas diskreteren Mitbewerbers Goyard raten.

3.26 SIND FOULARDS NICHT FURCHTBAR TANTIG?

Schals können, wie die bei jungen Frauen nicht sonderlich geliebten Foulards auch, ein sehr persönliches Stilmerkmal sein. Es kommt nicht nur auf Farbe, Material und Beschaffenheit an, sondern auch auf die Art und Weise, wie er getragen und geknotet wird. Wer glaubt, dass Foulards bieder seien, dem sei zur Belehrung ein Besuch beim Karree-Spezialisten Hermès empfohlen. Hier bekommt man nicht nur die herrlichsten Seiden, sondern dazu auf Wunsch auch ein kleines Booklet, in dem 100 Varianten beschrieben sind, wie man dieses Tuch knoten und für weit mehr als zum Schmücken der Halspartie brauchen kann. Auch hat diese Firma im Jahre 2010 eine wunderbare Online-Inititative namens «J'aime mon carré» gegründet, auf der zahllose Beispiele zu sehen sind, wie man ein Foulard, selbst ein mit Pferdchen bedrucktes, lässig trägt.

3.27 SIND PASCHMINAS NOCH EINE OPTION?

Etwas Gutes hatte die Paschminawelle Anfang des dritten Jahrtausends ja: Es ist den Damen wieder bewusst geworden, wie angenehm ein grosser Schal aus besten Naturfasern sich trägt. So ein Accessoire verschafft Wohlgefühl und Sicherheit, die wieder der Ausstrahlung seiner Trägerin zugutekommen.

Wenn der Paschminaschal inzwischen dennoch gegenüber anderen Formen wieder etwas ins Hintertreffen geraten ist, dann deshalb, weil es plötzlich zu viele billige, grelle Varianten des bettlakengrossen

Tuches gab. Das meiste davon war leider nicht die grossartige Kaschmirqualität, als die sie vermarktet wurde, sondern rasch produzierter Nepp. Eine tolle 1A-Qualität in feinen Naturfarben ist jedoch eine Investition von bleibendem Wert.

3.28 FRAU MIT HUT – WO GIBT ES DAS ÜBERHAUPT NOCH?

In Modemagazinen und auf Laufstegen schon, aber im realen Leben hat der Hut – leider! – den Daseinskampf aufgegeben. Abgesehen von den lächerlichen amerikanischen Baseballmützen, die man manchmal auf den Köpfen von Celebrities sieht, die partout nicht erkannt werden wollen, werden von Damen heute kaum noch Hüte getragen.

Umso sicherer kann man sich also sein, mit einem Hut heute leicht die Blicke auf sich zu ziehen – wenn das denn gewünscht ist. Wer also etwas Staub aufwirbeln will, dem sei ein Hut von ganzem Herzen empfohlen, etwa eines der modernen Couture-Modelle von Philip Treacy oder Stephen Jones. Toll sind auch die feminisierten Klassiker der Pariser Maison Michel. «Frauen wären schon sehr naiv, ein solch mächtiges Werkzeug der Koketterie nicht bewusst einzusetzen!» – einmal mehr war es schon Christian Dior, der um die Macht des Hutes wusste.

3.29 WIE TRÄGT MAN DEN LINGERIE-LOOK, OHNE BILLIG AUSZUSEHEN?

Der Lingerie-Look: Die Leser bekommen von den Modepostillen zwar oft neue Trends serviert, doch nur selten alltagstauglich erklärt. Da räkeln sich dann halbnackte Sirenen in halterlosen Strümpfen, Chiffonfähnchen und sündiger Wäsche, während vom neuen Wäschestil in der Mode schwadroniert wird. Doch so kann man ja nun wahrlich nicht zur Arbeit erscheinen. Realistischer ist es, das Thema mit einiger Umsicht anzugehen und die zarten Momente aus Spitze und Tüll mit alltäglichen Basics zu brechen. Man kann einen feinen BH unter einem gerippten Trägertop aufblitzen lassen oder ein halbtransparentes Negligé unter einer offenen Hemdbluse und zu einer währschaften

Boyfriendhose kombinieren. Ein einzelnes Lingerie-Element reicht meist völlig aus, um Spannung zu schaffen, man braucht keine Effekte zu kumulieren. Es sei denn, man möchte sich für den Schweizer Bauernkalender bewerben.

3.30 WELCHE LEIBWÄSCHE HAT STIL UND CHARME ZUGLEICH?

Es gibt Tausende Arten von Wäsche, und keine ist explizit richtig oder falsch – es ist vielmehr eine ganz private Frage des persönlichen Geschmacks, in die sich einzumischen Aussenstehenden nicht geziemt. So lange jedenfalls, wie man die Wäsche nicht öffentlich zur Schau stellt.

Auch bei der Unterwäsche gibt es kein wichtigeres und mächtigeres Argument als die Qualität des Materials und der Verarbeitung. Wichtig scheint ausserdem, die Wäsche auf den entsprechenden Bedarf abzustimmen, also:

1. Sportwäsche zum Workout, für Yoga oder andere körperliche Herausforderung: Diese aus festerer Baumwolle oder technischen Fasern gefertigte Wäsche gibt Halt und absorbiert Feuchtigkeit.

2. Komfortwäsche für den Alltag: Moderne Mischfasern und bequeme Seamless-Verarbeitungen sorgen für uneingeschränkte Bewegungsfreiheit und minimieren sich abzeichnende Linien. Strings sind für enge Hosen und Röcke eine gute Wahl. Sanfte Push-up-BHs und thermoplastisch geformte Büstenhalterschalen sorgen für ein ansprechendes Dekolleté.

3. Verspieltes und Exotisches für den Abend und besondere Momente.

Vorsicht vor zu viel Lingerie im Arbeitsalltag: Verspielte Ornamente, Applikationen und Stickereien sehen wunderbar aus, eignen sich aber unter der Alltagsbekleidung nur schlecht, weil sie sich unter Umständen recht deutlich unter der Kleidung abzeichnet.

3.31 DARF MAN ALS SCHWANGERE EINEN BIKINI TRAGEN?

Man darf, und ob. Wir bewegen uns heute fast textilfrei auf der Ebene des Fleischlichen und Leiblichen, also wäre es doch einigermassen verlogen, wenn Schwangere ihren Bauch verstecken müssten, weil dessen Anblick irgendwelchen anderen Leuten missfallen könnte. Eine Schwangerschaft ist ein physischer Ausnahmezustand, den es zu feiern gilt, also soll man seine Wölbung – wenn man mag! – mit Stolz zeigen, gewiss auch im Bikini. Ausserdem kann es sein, dass einem das Privileg, den Bauch zu sonnen, nach der Schwangerschaft für einige Zeit abhanden kommt, bis sich die Leibesmitte wieder normalisiert hat. Deshalb soll man Bikini tragen, solange es irgendwie geht.

3.32 SOLL MAN AUCH IM SOMMER ZUM ROCK STETS STRÜMPFE TRAGEN?

Konservative Stilratgeber raten tatsächlich dazu, zum Rock immer Strümpfe zu tragen. Bei den Amerikanern und in manchen sehr amerikanisch geprägten Unternehmen ist es offenbar auch heute noch so, dass man Damen, die im Beruf einen Rock oder ein Kleid tragen, vorschreibt, dazu Strümpfe zu tragen. Diese Vorstellung ist aber aus heutiger Sicht überholt, um nicht zu sagen: Es sieht schwer nach Margret Thatcher aus. Denn am schönsten ist es natürlich, zum Rock nichts als die eigene Haut zur Schau zu tragen – dezent vorgebräunt und perfekt enthaart. Unter den Französinnen scheint es fast eine Art Wettkampf zu geben, wers auch im tiefsten Winter mit nackten Beinen in offenen Schuhen aushält. Dagegen sehen die allzu beflissenen fleischfarbenen Stockings der Amerikanerinnen manchmal richtig eklig aus.

Ein unbekleidetes Bein ist nach heutiger Vorstellung weder anstössig noch unelegant. If you got the legs, show them! Allerdings gilt dies nur für schöne, gepflegte Beine, sonst steckt man sie tatsächlich besser in einen kaschierenden Strumpf.

3.33 WELCHE STRÜMPFE HABEN STIL UND KLASSE – UND WELCHE NICHT?

Strumpfhersteller wollen der Welt gerne weismachen, dass den Frauen zur Bekleidung der Beine eine unerschöpfliche Palette von Farben aus dem ganzen Regenbogenspektrum zur Verfügung stehe. Dem ist natürlich nicht so. Eine Dame, die sich auch als solche versteht, trägt ihre Strümpfe nur in neutralen, dunklen Tönen, am ehesten in Schwarz. Transparent oder blickdicht ist eine Saison- und ein Stück weit auch eine Geschmacksfrage. Primärfarben sind dagegen so gut wie gar nie vorteilhaft: Mit dem missglückten Revival der 1980er-Jahre sind auch elektrisch-blaue, kanariengelbe oder feuerrote Strümpfe im Recyclinghof der Geschichte gelandet. Sie sehen sowieso nur an 20-jährigen Mädchen cool aus.

Nicht infrage kommen dürften jedoch Strümpfe, die Hautfarben imitieren – höchstens sehr feine, solche, die kaum sichtbar sind und sehr fein glänzen. Das Nonplusultra von ästhetischer Selbstverstümmelung sind schliesslich weisse Strümpfe. Sie sehen immer nach Orthopädie aus und machen ein noch so schön geformtes Bein optisch dicker. Darauf sollten sogar Krankenschwestern besser verzichten.

3.34 STRÜMPFE ODER STRUMPFHOSEN?

Es ist ein Fakt: Die kommerzielle Verbreitung der Strumpfhose ab den 1950er-Jahren und der Einsatz neuer Fasern Anfang der 1960er-Jahre hat das Geschäft mit den Strumpfwaren fundamental umgekrempelt. Der Strumpf, also das halterlose oder mit einem entsprechenden Strumpfgürtel zu tragende Modell, das davor Jahrhunderte lang in Gebrauch war, hat zwar noch immer viele (männliche) Fans, aber kaum noch kommerzielle Bedeutung. Stattdessen wird die «zweibeinige» Strumpfhose getragen.

Der Unterschied zwischen Massen- und Qualitätsware ist in der Passform und der Belastbarkeit des Materials zu finden. Und weil der Strumpf die Verbindung zwischen Schuh und Fuss herstellt und also erheblichen Belastungen ausgesetzt ist, darf hier ein gutes Mass an synthetischer Kunstfaser sein.

Vorsicht: Netzstrümpfe haben sehr oft eine etwas halbseidene – oder aber folkloristische – Note. Und bitte niemals Kniestrümpfe zu Röcken tragen. Es sieht spätestens beim Hinsetzen absolut grausam aus.

3.35 WIE VIEL ECHTSCHMUCK IST FÜR EINE DAME ZIEMLICH?

Nach klassischer Lehre sollte der Schmuck einer Dame diskret sein – also eher Bescheidenheit und Tugendhaftigkeit statt extrovertierten Charakter zum Ausdruck bringen. Das mag für hohe Bankkader, Politikerinnen, Frauen im öffentlichen Dienst oder Vorstandsvorsitzende noch heute gelten. Sie sind natürlich mit hochwertigem, zeitlosem Echtschmuck richtig beraten – ein schöner Diamantsolitär an einer Halskette, eine diskrete Uhr, ein Paar Perlenstecker oder die klassische Perlenkette – perfekt.

Doch alle anderen, die sich von solch strengen Konventionen befreit fühlen, dürfen es etwas freier angehen. Heute wird unbekümmert Echtschmuck mit sogenanntem Modeschmuck kombiniert – die Ergebnisse können frappierend sein! Auch setzen Naturmaterialien wie Holz, Horn oder Leder zeitgemässe Akzente.

Beim Echtschmuck sollte man aber etwas vorsichtiger sein, denn da trägt man mitunter ja rasch einen Wert mit sich herum, für den andere ein Leben lang sparen. So etwas kann überheblich wirken. Wenn man sich dann noch besonders auffällig und erkennbar teuer kleidet, kann das fröhliche Herzeigen seines Wohlstands gar vulgär werden. Der Riesendiamant mag zwar ein Zeichen von monetärer Potenz sein, aber er ist nicht immer ein sehr raffiniertes Signal. Nur für besondere Gelegenheiten, grosse Feste etwa, sollten Sie das volle Ornat wählen.

Und: Bitte niemals versuchen, Modeschmuck als Echtschmuck zu deklarieren. Das zeugt von zu wenig Selbstvertrauen und/oder Lässigkeit im Umgang mit Status.

3.36 **STICHWORT PERLEN: KANN MAN AUCH OVERPEARLED SEIN?**

Echte Perlen tragen die meisten Menschen nur zu besonderen Gelegenheiten, denn die Dinger sind ja durchaus empfindlich. Andererseits: Perlen bleiben am schönsten, wenn man sie trägt. Perlen sind potenziell auch ein bisschen spiessig, also soll man eher zu dick auftragen, damit es Schmiss hat. «Overpearled» zu sein ist also, trotz des Reizes des Wortes, kein schlimmes stilistisches Vergehen – und sicher auch nicht schlimmer als «underpearled».

3.37 **IST ES OKAY, DIE SONNENBRILLE INS HAAR ZU SCHIEBEN?**

Man ist auch in den kühleren Monaten gut beraten, sein Augenlicht mit einer Sonnenbrille zu schützen. Sie sorgt für weniger Stress auf der Netzhaut und mindert die Bildung von Krähenfüssen, die durchs Zusammenkneifen der Augen entstehen. Eine Sonnenbrille soll deshalb gross und recht dunkel sein und ein wenig an die 1960er- oder 1970er-Jahre erinnern. Inzwischen gibt es im Handel ja kaum noch andere Modelle.

Wann immer der Tag also nicht gerade total verregnet ist, möge man mit dieser Sonnenbrille auf der Nase durch die Strassen stolzieren und sich wie ein Filmstar hinter den dunklen Gläsern verstecken. Es darf ruhig etwas albern aussehen. Die Sonnenbrille gehört aber nicht ins Haar gesteckt, sondern auf die Nase. Wer die Sonnenbrille dauerhaft als Haarreif missbraucht, lebt im Jahr 1999, als man das noch cool fand.

Unhöflich ist es auch, die Sonnenbrille nicht abzunehmen, wenn man einem Bekannten begegnet oder mit Personal spricht, das Auskünfte benötigt. Hier wirkt es unnötig distanziert, wenn man die Brille aufbehält. Man sollte sie wenigstens für den Moment der Begrüssung abnehmen, sofern man nicht die Folgen einer durchzechten Nacht oder eines Heulkrampfes zu verbergen hat.

Das Abnehmen der Sonnenbrille macht sich auf Reisen auch am Zoll bezahlt: Die Beamten in ihrem Glashäuschen können Menschen bekanntlich nicht leiden, die ihre Sonnenbrille nicht abnehmen. In Deutschland ist es gar unter Androhung von Busse verboten, eine Sonnenbrille bei Dämmerung oder nachts zu tragen, wenn man ein Auto lenkt. In der Schweiz ist man kulanter: Solange man das Fahrzeug verantwortungsvoll lenken kann, sieht die Polizei keine Strafe vor.

3.38 WIE LACKIERT MAN SICH STILVOLL DIE NÄGEL?

Eine der grössten Stilikonen unserer Zeit, die Schauspielerin Sarah Jessica Parker, trägt ihre Fingernägel nature und kurz, am liebsten unlackiert. Dies illustriert, dass man heute von den sehr langen, teilweise auch künstlichen Fingernägeln weggekommen ist, die eine Zeit lang in Mode waren. Die Mode propagiert wieder eine etwas natürlichere Eleganz, da sind diese extremen Pornokrallen nicht mehr passend.

Feuerroter Nagellack ist für einen klassisch eleganten Auftritt in einer Abendrobe nicht falsch, aber: Man braucht tadellos gepflegte Hände, sonst sieht es schnell ein bisschen billig aus. Im Frühling sind es oft die leuchtenden, frischen Fruchtfarben, die gut nachgefragt werden. Wem das zu bunt ist, für den gibts eine Palette an Nude- und Naturtönen, die sehr diskret und für alle Jahreszeiten «richtig» sind. Für die Übergangsmonate kann man auch zu Grün- und Blautönen wie Türkis, Petrol, Jade und Smaragd greifen. Nicht mehr ganz neu ist Schwarz – man trägt es eher im Herbst und Winter. Subtiler sind abgedunkelte Farbtöne, etwa Chanels moderner Klassiker «Rouge Noir», oder Naturtöne wie Schlamm und Taupe.

Nie falsch sind naturbelassene oder nur mit etwas Klarlack maniküre Nägel. Sie passen immer, und wenn mal irgendwo eine kleine Ecke abbricht, ist es auch nicht gleich ein grosses Drama.

Vorsicht ist jedoch geboten bei all den elaborierten Dienstleistungen, welche die Tausende von Nailstudios anbieten, die sich in ganz Europa dort eingenistet haben, wo traditionellere Handwerksberufe und Einzelhändler keine Chance mehr haben – in den 2B-Lagen mittelgrosser Städte. Wer all diese Studios finanziert, ist so rätselhaft wie die Frage, wer sie frequentiert.

Wie auch immer die Antwort lauten mag: Man hüte sich vor aufgeklebten Gel-Nägeln, die in etwa so natürlich aussehen wie der Busen von Pamela Anderson oder der Haaransatz von Silvio Berlusconi. Menschen, die einen Job mit Verantwortung haben und von ihrem Umfeld weiterhin ernst genommen werden wollen, hüten sich auch vor Nail-Art-Motiven oder aufgeklebten Strass-Steinchen. Solches sollen Teenager auf ihre Fingernägel kleben, aber keine erwachsenen Leute mit intaktem ästhetischem Empfinden.

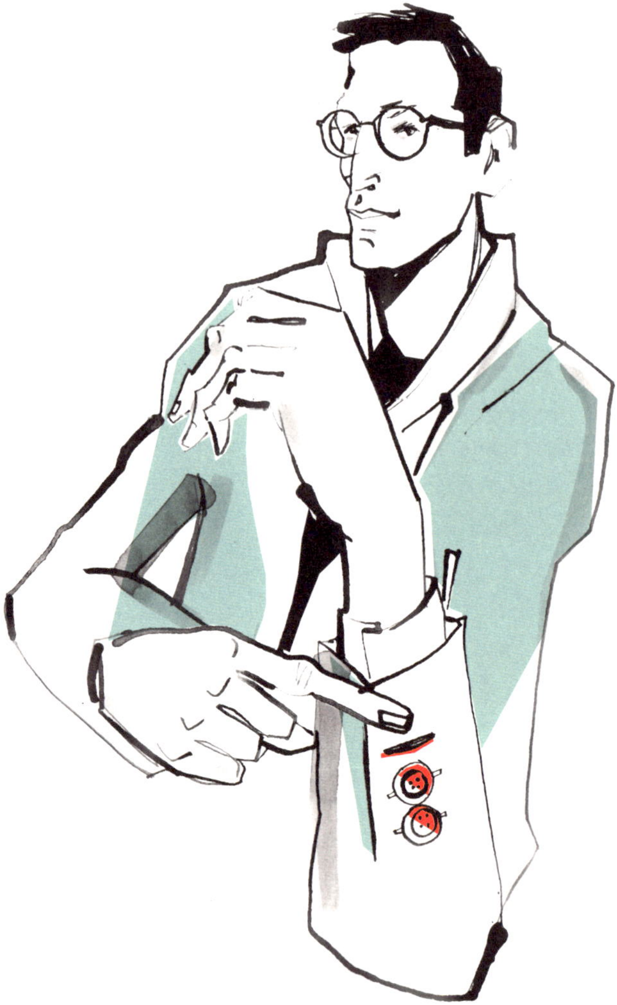

4. **DIE GARDEROBE DES HERRN**

Trendbeobachter behaupten gerne, dass Männer die aufsteigende Spezies von Lifestyle-Kosumenten seien, weil sie neuerdings Geschmack, Stil und Geld haben. Aus der Sicht der Anbieter mag das stimmen, weil tatsächlich noch Marktanteile brachliegen. Doch aus Sicht dessen, der durch eine mittelgrosse europäische Stadt geht, ist das nicht nachvollziehbar. Denn da hält sich eine Reihe schwerer, zäher Stildefizite:

1. 99 Prozent der Männer tragen kurze, langweilige schwarze Socken, obwohl mindestens die Hälfte davon weiss, dass es falsch ist. Gentlemen tragen lange Socken bis zum Knie.

2. 95 Prozent der Männer geben mehr Geld aus für die Felgen ihres Autos als für einen guten Anzug.

3. 80 Prozent der Männer tragen zu grosse Kleider, in der Regel etwa eine Konfektionsnummer zu gross. Sie tun dies aus unerfindlichen Gründen, wahrscheinlich aber vor allem darum, weil sie Jacken immer mit nach vorne gestreckten Armen probieren, in Autofahrerpose.

4. Ungefähr 70 Prozent der Spezies meint, dass ein eng anliegendes T-Shirt schlank mache, ganz ungeachtet der tatsächlich vorhandenen Körperformen.

5. Über 50 Prozent der Männer glauben, dass man eine teure Uhr auch unbedingt sehen muss, und schütteln sie bei jeder Gelegenheit raus bzw. sie binden ihre Hemdmanschetten so eng, dass man die Uhr davor oder darüber tragen muss.

Die allermeisten Männer sind auch keine grossen Shopping-Enthusiasten. In Handy- und Computergeschäfte gehen sie freiwillig und gerne, doch Modeboutiquen sind den meisten Männern ein tief empfundener Graus. Sie stehen während Einkaufstouren meistens gelangweilt davor auf der Strasse herum und warten darauf, dass ihre Begleitung wieder aus dem Geschäft kommt.

Wenn Männer Mode einkaufen, interessieren sie in der Regel der Preis und der Statuswert eines Artikels. Der Statuswert ist ein nicht unerhebliches Gut, um sich mit seiner Kleidung im freien Markt des Zwischenmenschlichen zu positionieren. Anders gesagt: Sind Männer noch zu haben, putzen sich die meisten heraus, was die Physis und der Geldbeutel hergibt. Kaum sind sie vergeben oder gar verheiratet, lässt dieses Bemühen sichtbar nach: Die Männer werden dick, kaufen keine neuen Sachen mehr und tragen die alten Anzüge, bis sie zu klein werden oder auseinanderfallen.

4.1 GIBT ES ÜBERHAUPT MÄNNER, DIE SICH FÜR MODE INTERESSIEREN?

Es gibt Anlass zur Hoffnung: Es sind nun bereits mehrere Generationen von Männern herangewachsen, die mit den Verlockungen der modischen Discounter gross geworden sind und durchaus Spass daran haben, sich hin und wieder in Unkosten zu stürzen, um mit dem textilen Ausdruck des Zeitgeists Schritt zu halten. In den jüngsten Jahren ist sogar ein extrem modekompetenter männlicher Modekonsument in Erscheinung getreten, der zu allem auch noch kritisch und selektiv ist, das Gute über alle Massen schätzt und dafür auch zu investieren bereit ist.

Dieser Mann sucht nach Spezialitäten und handwerklichen Besonderheiten. Er will ganz genau wissen, was drinsteckt, bevor er sein Geld ausgibt. Dieser modische Feinschmecker schaut sehr genau hin und hat ein fast investigatives Interesse an den feinen Unterschieden. Und er erwartet, dass sein «fournisseur de choix» diese Leidenschaft fürs Detail mit ihm teilt. Der neue Mann weiss einiges über seine Kleidung – mitunter mehr als der gewöhnliche «shop assistant», dessen Knowhow und stilistische Autorität in diesem Fall nicht mehr ausreichen.

Stilistisch sind die zwei Megatrends unserer Zeit, Individualität und Sportivität, von anhaltender Bedeutung. Das heisst, dass immer öfter zu entspannten Kombinationen von Hemd, freizeitlicher Hose und perfekt geschnittenem Veston statt zur konventionellen Schale gegriffen wird. Die Materialien werden weicher und leichter, um den Traggewohnheiten, die 50 Jahre Sports- und Casualwear hinterlassen haben, zu entsprechen. Die Krawatte wird zur Beiläufigkeit und ist nur noch in sehr seltenen Fällen absolut de rigeur. Eine junge Generation versteht die Krawatte auch wieder als Zeichen der Persönlichkeit und nicht als Trauerband der Anpassung.

4.2 WIE HOMOSEXUELL DARF EIN HETEROMANN SICH STYLEN?

Moderne Männer gehen heute ganz lässig mit alten Klischees um und weiden mit Lust auch mal auf der anderen Seite des Zauns. Nur der, der sich seiner Prägung nicht ganz sicher ist, würde versuchen, ja nicht auf die falsche Seite zu geraten. So sind Merkmale, die früher fast sicher als schwul gewertet wurden, heute auch an strammen Heteros zu sehen – seien das farbige Hosen oder pinkfarbene Poloshirts. Im Zeitalter von Etro, Paul Smith und Tommy Hilfiger wird man für solche modische Launen längst nicht mehr ins Abseits gestellt.

Ausserdem: Ein Mann, ob hetero oder nicht, kann anderen Herren ganz zwanglos Komplimente für seine modische Kompetenz machen, wenn ihm danach ist. Es ist sympathisch, aufmerksam, hellt den Tag auf und zeugt von menschlicher Qualität und Wachheit. Wer Angst hat, wegen einer netten Bemerkung für homosexuell gehalten zu werden, lebt noch irgendwo tief in der Mitte des letzten Jahrhunderts.

Ein Wort noch zum Fiat Cinquecento, der regelmässig bei Wahlen zum schwulsten Auto des Jahres (mit dem VW Beetle oder dem Mini) weit vorne landet. Das heisst doch ganz einfach, dass die kleine Knutschkugel ein sympathisches, hedonistisches und lebensfrohes Auto für zwei ist. Ob die Passagiere nun schwul sind oder nicht, ist nebensächlich.

4.3 SOLLEN MÄNNER SICH DIE KÖRPERHAARE ABRASIEREN?

Es kommt ein wenig darauf an, ob man ein sizilianischer Pelztyp, also von Kopf bis Fuss schwarz und lockig behaart, oder nur ein grauer, spärlich besprosster mitteleuropäischer Bleichspargel ist. Wenn man der stark behaarte Typ ist, dann kann man sein dichtes Gewöll besser einfach stehen lassen und stolz darauf sein, statt sich aufwendiger Scherungen zu unterziehen. Die Mode hat ja auch den kernigen Urmann und Machotyp mit Lust wiederentdeckt. Wenn einem aber nur da und dort ein paar Grannen vom Körper abstehen, dann sollte man diese besser wegmachen. Schön rasiert ist schicker als so halb bewaldet. Das Idealbild aber bleibt jenes, das der göttlich nackte Yves Saint Laurent schon 1971 darstellte: auf dem Kopf lockig und lang, vom Hals an abwärts jedoch schön glatt.

4.4 WAS IST BLOSS MIT DEM GUTEN ALTEN DOPPELREIHER GESCHEHEN?

Freunde des patriarchal-pompösen Klassikers mit zwei Knopfreihen können aufatmen, denn es zeichnet sich ein Revival des Zweireihers ab. Diese einst handelsübliche Anzugsvariante war nun jahrelang so etwas von out, dass sie fast ausgestorben schien. Doch die Avantgarde hat den Zweireiher wiederentdeckt und lanciert ihn kürzer, knapper und figurbetonter für eine neue Generation von Männern. Diese leichte, schnitttechnische Adaption des Klassikers ist typisch für die wirklich signifikanten Wechsel in der Männermode: Wirklich Bedeutendes geschieht nur alle 15 Jahre!

So hat sich der Veston, heute wichtigste Grundlage der Männergarderobe, seit dem 19. Jahrhundert, als die Herren noch Frackjacken und Cutaways mit langen Rockschössen trugen, aus der Uniform- und Reitjacke der Kavallerie entwickelt. Wichtigstes Merkmal des Vestons ist noch heute das Revers, also die auf dem Brustkorb umgelegte Verschlussleiste der Jacke, an die der Kragen anschliesst. Waren die Revers bis vor einigen Jahren aufgrund der bevorzugten Dreiknopfstellung noch relativ kurz, so bevorzugt man inzwischen wieder tiefer, bis zum Zwerchfell reichende Reverslängen. Auch sind die Revers im Zuge des Slim-fit-Trends sukzessive schmaler geworden. Das breite, fleischige Revers (mit nach oben zeigender Spitze) ist konstruktionsbedingt meist nur beim Zweireiher zu finden. In das Knopfloch auf dem linken Revers wurde früher eine Blume eingesteckt.

4.5 WAS BEDEUTET ES, WENN EIN MANN AM ÄRMELSCHLITZ DES SAKKOS EINIGE KNÖPFE OFFEN LÄSST?

Einen Knopf am Ärmel aufzulassen signalisiert nicht Schlampigkeit, sondern gesteigerte Modekompetenz. Das Detail, das so wirkt, als hätte man etwas vergessen, weist nämlich in Wahrheit auf die superiore Verarbeitungsqualität hin. Schliesslich ist es für einen Hersteller weitaus aufwendiger, einen Ärmelschlitz durchknöpfbar zu verarbeiten statt einfach nur ein paar Knopfloch- und Knopfattrappen festzunähen. Deshalb sieht man den durchknöpfbaren Ärmelschlitz immer bei Massanzügen, selten aber bei günstiger Stangenware.

Der diskrete Geniesser alter Schule, der immer schon Massarbeit getragen hat, lässt dennoch alle Knöpfe am Ärmel geschlossen – es genügt ihm zu wissen, dass sie offen sein könnten. Sehen muss das aber keiner. Alle anderen werden es sich nicht verkneifen können, mit dem Öffnen eines einzigen, nämlich des untersten von drei oder vier Knöpfen, die erhabene Qualität ihres Jacketts zu akzentuieren. Tom Ford lässt zu dem Zweck das unterste Knopfloch sogar grösser nähen. Prollig wirds erst, wenn man die Ärmelschlitze mehr als halb oder gar ganz aufknöpft.

4.6 WIE TRÄGT MAN DIE NEUEN SOFTJACKETS?

Früher waren Vestons aufgrund ihrer komplexen Innenverarbeitung richtiggehende Panzerschränke. Heute werden sie so leicht und weich wie eine Strickjacke verarbeitet – man spricht verstärkt vom Shirt-Jacket oder Casual Fit – der zeitgenössische Schneider versucht, ohne steife Einlagen und Polster auszukommen. Getragen werden diese weicheren Jacken bevorzugt im Smart-casual-Stil, also zu andersfarbigen Hosen und ohne Krawatte. Wichtig bleibt allerdings die gute Passform an Schulter und in der Taille. An diesen Schlüsselstellen des Körpers muss ein Veston sitzen, damit er seinen formellen Charakter wahrt. Die Taille wird leicht höher gezeichnet, um die Beinpartie des Mannes länger wirken zu lassen. Für eine körpernahe Passform ist ein schmaler Ärmel wichtig, der nach alter Väter Sitte mit drei bis vier aufknöpfbaren, offen gearbeiteten Knopflöchern abschliesst. Daran erkennt der Connaisseur auf einen schnellen Blick die Qualität eines Vestons. Ebenso wichtig sind mindestens ein Rückenschlitz (für sportivere Formen) bzw. zwei Schlitze, die einer Jacke Schliff geben. Persönliche Monogramme im Futter sind das Tüpfchen aufs i.

4.7 WIE SIEHT EIN COOLES HERRENHEMD HEUTE AUS – TAILLIERT ODER STRAIGHT?

Die meisten Männer tragen im beruflichen Alltag ein Hemd. Sie glauben aber, dass man vom Hemd nur den Kragen, die Brust und bestenfalls die Manschette sieht und kaufen darum mindere Qualität. Ein schwerer Fehler! Denn ein gutes von einem mittelmässigen Herrenoberhemd zu unterscheiden, ist einfach. Das modische aktuelle Herrenhemd hat eine natürliche, leicht körperbetonte Form, also nicht mehr slim-fit um jeden Preis, einen von Details und Schnickschnack befreiten Rumpf, keine Brusttasche, lange Ärmel und einen moderat hohen, leicht haifischförmigen Kragen. Der Rumpf des Hemdes ist tailliert, aber ohne besondere Taillierungsnähte im Rücken oder Vorderteil. Also moderat dem männlichen Ideal eines V-förmigen Oberkörpers nachempfunden.

Die Qualität eines guten Hemdes erkennt man am Material: Es muss erstklassige Baumwolle sein. Alternativ dazu gehen auch Leinenmischungen, nur Synthetik sollte nie drin sein. Bügelfrei ausgerüstete Hemden sind schlimmer Etikettenschwindel, denn im besten Fall heisst dies nur, dass man leichter bügelt und so die Hälfte der Zeit spart. Doch bügeln muss man immer und ausnahmslos. Bügelfrei-Ausrüstungen verschlechtern übrigens die Atmungsaktivität der

Baumwolle erheblich. Ein gutes Hemd sollte so sauber verarbeitet sein, dass man es komplett von innen nach aussen drehen kann, ohne dass irgendwo ein Faden runterhängt. Die Stichzahl der Nähte sollte acht bis zehn pro Zentimeter betragen, wo längere Stiche zu sehen sind, wurde gespart. Die Knöpfe werden in einem Abstand von maximal 8 Zentimetern voneinander placiert. Bei grösseren Abständen sieht man aufs Bauchfell. Ein im Farbton des Hemdes gehaltenes Monogramm auf der linken Front, etwa auf Höhe der Milz, ist das Tüpfchen auf dem i.

Der Kragen ist in der Regel ein spitzschenkliger Kentkragen, der recht universell einsetzbar ist und auch korpulenteren Männern gut steht. Der modischere, etwas von der Halsmitte weg verlaufende Haifischkragen ist stylish, aber nur für schlank gebaute Herren vorteilhaft. Fest eingearbeitete Kragenstäbchen sind immer die schlechtere Wahl als solche, die man herausnehmen kann. Button-down gehört sich nicht zur Krawatte, auch wenn man diese Kombination tatsächlich sehr oft sieht, sogar bei Bundesräten. Was aber nicht heisst, dass es chic wäre. Ausser man trägt ein fettes Oxford-Hemd von Brooks Brothers aus New York, eine verkehrt herum gestreifte Krawatte und einen fleischigen Zweireiher.

4.8 KANN MAN HEMDEN MIT KURZEN ÄRMELN ZUM ANZUG TRAGEN?

Ein Gentleman trägt zu Anzug und/oder Krawatte niemals kurzärmlige Hemden, auch wenn einem hohe Würdenträger und Männer in wichtigen politischen Ämtern immer wieder etwas anderes weismachen wollen. Man macht einen weiten Bogen um diesen Hemdentyp oder schmeisst sie sofort weg, wenn man in den Tiefen seines Kleiderschranks dennoch ein Exemplar findet. Die Ärmel des Businesshemdes, das zu einem Jackett oder Anzug kombiniert wird, müssen lang sein und eine Manschette haben.

Die meisten Kurzarmhemden sehen leider nur so aus, als hätte eine tüchtige Hausfrau die Ärmel selber verkürzt, denn sie sind zu weit und unproportional. Es ist allerdings nichts dagegen einzuwenden, ein knackiges, modisches Kurzarmhemd selbstbewusst zu Jeans oder schmalen Bermudas und mit offenem Hemdkragen zu tragen – nur nie zu einem Anzug.

4.9 PASSEN DUNKLE ODER SCHWARZE HEMDEN ZUM ANZUG?

Die Farben des Hemdes sollten hell und frisch sein. Ein Hemd sollte wenn möglich immer das hellste Element im Outfit bilden, denn es ist «die Leinwand, auf der ein Mann seine Persönlichkeit zur Schau trägt», so der englische Designer Paul Smith. Das weisse Hemd ist traditionellerweise das des Chefs, wogegen das blaue Hemd das des einfachen Angestellten ist. Deswegen wird man bis heute nur selten einen CEO in einem blauen oder dunklen Hemd seine Erfolge verkünden sehen. Die Eignung von Pastelltönen ist vom Hauttyp abhängig. Männer mit dunklem Teint und mediterranem Flair können solche Dinge probieren, aber aschfahle Mitteleuropäer lassen lieber die Finger davon.

Die oberste Regel lautet: Das Hemd muss heller sein als der Anzug. Dunkelgraue oder schwarze Hemden sind daher fast immer spiessig. Ein Hemd zu tragen, das dunkler ist als der Anzug, ist in keiner Weise modisch oder originell, sondern kleinkariert. Man erkennt auf Flughäfen die Provinztypen und Mittelständler schon von ganz Weitem, weil sie zu ihren Anzügen dunkle Hemden tragen.

4.10 WIE WEIT DARF MAN IM SOMMER SEIN HEMD AUFKNÖPFEN?

Die Anzahl der am Hemd des Mannes standesgemäss zu öffnenden Knöpfe richtet sich a) nach dem Alter, b) nach dem sozialen Status und c) nach den individuellen Zielen, die noch zu erreichen sind. Sind alle diese drei Faktoren hoch, dann ist man noch immer am besten beraten, das Hemd zuzuknöpfen und diese Förmlichkeit mit einem schönen Schlips zu dekorieren. Einen einzelnen Knopf zu öffnen, ist natürlich selten falsch, ausser man besucht den Papst oder versucht, der Bank eine neue Kreditlimite abzuringen. Wer zwei Knöpfe öffnet, der sollte auch den Veston ablegen, weil der Hemdkragen sonst unwürdig unter dem Revers abtaucht. Zwei offene Knöpfe sind aber auch schon die Limite für Otto Normalverbraucher, denn drei Knöpfe am Hemd offen zu haben, heisst, sich stilistisch in die Nähe von Formel-1-Rennstallbesitzern zu bewegen. Man kann das wollen, aber elegant ist es nicht. Vier offene Knöpfe sind nur etwas für muskelbepackte Rapstars oder Corvette-Fahrer mit langem Nackenhaar.

4.11 SOLL MAN IM HEMDSÄRMEL EINEN FALZ BÜGELN ODER GILT ES, DIESEN ZU VERMEIDEN?

Es ist Geschmacksache, ob man «frisch gebügelt» (also mit Falz von der Schulter bis zur Manschette) oder «ab Stange» (rund gebügelt, ohne Falz) aussehen möchte. Der Unterschied ist marginal und selten sichtbar – ein Gentleman zieht sein Sakko bekanntlich nur in hoher Not aus. Es erscheint auch fast ein wenig pompös, den Falz im Ärmel, der bei rationeller Arbeitsweise zwingend entsteht, mit Kunstgriffen auszubügeln. Dazu bräuchte man zusätzliche Handgriffe und Instrumente, etwa ein Ärmelbrett. Nur absolute Dandys werden ihren Müssiggang durch solcherlei Details betonen wollen.

4.12 WOFÜR STEHEN MANSCHETTENKNÖPFE, WAS SAGEN SIE ÜBER DEN TRÄGER AUS?

Das umständlich ausformulierte Stilhandbuch, mit dem die Schweizer Grossbank UBS im Jahre 2011 zum internationalen Gespött wurde und in dem zu lesen war, dass sich Manschettenknöpfe zwar zu einem Abendanzug, nicht jedoch zu einem Businessanzug eignen würden, ist inzwischen richtigerweise schubladisiert worden. Denn Manschettenknöpfe sind elegant und verleihen einem Outfit einen kleinen, meist wohltuenden Touch Individualität. Wer behauptet, dass nur Gecken und Angeber solchen Schmuck tragen, lebt hinter dem Mond. Manschettenknöpfe sind eine diskrete, aber hochgradig wirksame Art, wie Männer auch in einem sehr reglementierten Bekleidungskontext ihre Individualität akzentuieren können.

4.13 AB WELCHER JAHRESZEIT BZW. TEMPERATUR TRÄGT MAN LEINENHEMDEN?

Leinenhemden trägt man nördlich der Alpen etwa ab Ostern, weiter nördlich erst nach den Eisheiligen. Am angenehmsten sind sie ohne Unterhemd. Sie passen gut zu entspannten, unstrukturierten Baumwollsakkos oder feinen Strickjacken sowie ganz problemlos zu Jeans und Chinos. Im Zuge der Casualisierung der Klassik werden auch immer öfter Reinleinen-Hemden zu Businessanzügen gezeigt – doch das ist schon eher etwas für Fortgeschrittene, weil es bei dieser Kombination darauf ankommt, dass auch der Anzug eine gewisse Lässigkeit hat, also etwa aus Baumwolle gefertigt ist. Die meisten Businessanzüge sind aber zu glatt, glänzend und ordentlich, um mit einem Leinenhemd kombiniert zu werden.

4.14 WIE TRÄGT MAN EINE KRAWATTE RICHTIG?

«Let's face it», sagte die Designerin Miuccia Prada einst zur Erkenntnis, dass Männer in Sachen Mode nicht zu den experimentierfreudigsten Erdenbürgern gehören. Der Mann mag das, was er schon kennt, am liebsten – dazu gehört auch die Krawatte. Sie ist für viele Männer ein fester Bestandteil ihres täglichen Outfits, und – let's face it! – so sehr sie sich auch manchmal zieren, das Ding zu lieben, so sicher fühlen sie sich doch, wenn sie einen Schlips umhaben. Eine Krawatte verleiht noch immer einen seriösen Anstrich und gibt zu verstehen, dass es einem mit der Aufgabe, die man erledigt, ernster ist als mit der Individualität, die man dabei für sich reklamiert.

Krawatten müssen aus bester Seide oder Kaschmir sein – alles andere taugt nur fürs Militär oder den Karneval. Punkto Motiv sind nur Webmuster empfehlenswert, also feine Karos, diagonale Streifen oder kleine Punktmuster. Alle anderen, vor allem bildhaften Druckmotive sind nicht lustig oder modisch, sondern total jenseits – es sei denn, sie sind von Hermès oder Charvet.

Eine Krawatte wird mit dem einfachen Four-in-hand-Knoten gebunden, manchmal kommt auch der etwas voluminösere Half-Windsor zum Zug. Eine gebundene Krawatte endet mit der Spitze exakt auf der Gürtelschliesse – keine zwei Finger darüber, auch keine paar Zentimeter darunter. Das schmale Ende kommt in die Schlaufe auf der Rückseite der Krawatte, nicht aber ins Hemd. Man steckt die Krawatte auch nicht in die Hose, obwohl diese Unsitte noch immer nicht ausgestorben ist. Wer fürchtet, dass der Schlips in die Suppe hängt, der befestigt ihn mit einer Krawattennadel einige Zentimeter über dem Nabel am Hemd. Auf jeden Fall zieht man die Krawatte richtig schön fest, also mit geschlossenem Kragen. Gelockerte Knoten sind, wenn sie nicht absichtlich als Fashion Statement gemeint sind, so unelegant, wie wenn man den Hosenlatz aufhätte.

4.15 WO IST EINE KRAWATTE AUCH HEUTE NOCH EIN MUSS?

Dort, wo Professionalität und Demut gefragt sind. Also weniger in alltäglichen als in aussergewöhnlichen beruflichen und privaten Situationen. Bilanzpressekonferenz, Empfang hochrangiger Gäste, Vorstellungstermin, Begräbnis, Hochzeit, Gerichtstermin. Hearing im Parlament oder Audienz bei der Queen. Verleihung von Ehrentiteln und elegante Abendveranstaltungen. Noch ist das Usanz, auch wenn die Krawatte in den Jahren nach der grossen Finanz- und Wirtschaftskrise von 2008 erneut stark an Glaubwürdigkeit verloren hat. Dennoch: Wer eine Krawatte schön findet, sie mit Stolz trägt und Spass an Farben hat, der soll sich auch am Sonntagmorgen zum Frühstück eine umbinden! Alle anderen mögen sie wann immer möglich weglassen, denn uninspiriert getragene Krawatten sind noch schlimmer als gar keine.

4.16 KANN MAN KURZARMHEMDEN MIT KRAWATTEN TRAGEN?

Krawatte zum Kurzarmhemd und Anzug ist leider noch immer der Standard-Look von ländlich geprägten Geschäftsleuten. Es ist für einen Mann von Welt undenkbar, diese armamputierten Freizeithemden ernsthaft zu einem Anzug oder gar mit Krawatte zu tragen. Ausnahme:

In der modischen Avantgarde feiert dieser Neo-Spiesser-Look wieder fröhlich Urständ. Aber natürlich nicht als ernst gemeinter Bekleidungsvorschlag, sondern als ironische Interpretation, mit knalligen Hemden und ultrakurzen Ärmeln, kombiniert zu einer khakifarbenen Chinohose mit buntem Gürtel. Aber eben, das ist Fashion.

4.17 GIBT ES ÜBERLANGE KRAWATTEN FÜR GROSS GEWACHSENE MÄNNER?

Es gibt diverse Quellen für den Bedarf von besonders langen (oder korpulenten) Männern, die mit der Standardlänge von Krawatten nicht klarkommen. Wohl nicht im gewöhnlichen Konfektionsgeschäft, wo man angesichts dieses Wunsches wahrscheinlich nur verwundert zurückfragt, aber im gehobenen Fachhandel. Ein guter Konfektionär hat vielleicht keine überlangen Schlipse an Lager, aber er lässt sie auf Wunsch nähen. Sie sind etwa 15 Zentimeter länger als gewöhnlich.

4.18 KANN MAN STATT DER KRAWATTE EINE FLIEGE TRAGEN?

In der modischen Alltagsgarderobe hat die selbst gebundene Schleife in den letzten Jahren wieder massiv Boden gut gemacht – auch zum gewöhnlichen Tagesoutfit. Als gewöhnliches Hemd taxieren die meisten Männer ein Tageshemd, wogegen ein ungewöhnliches Hemd ein festliches Abendhemd mit Doppelmanschette, verdeckter Knopfleiste und Dekorknöpfen wäre. Das bekanntlich zwingend zum Smoking gehört. Zum Abendanzug wäre ein Businesshemd ja ein Fauxpas. Und eine bunte Fliege sowieso – zum Smoking passt nur die schwarze Fliege, zum Frack (White Tie) gehört eine weisse Schleife.

Wer die Fliege tagsüber und ohne festlichen Anlass, also einfach so trägt, der ist mit bunten Modellen besser beraten. Am schönsten sind feine Webmuster. Allerdings wäre es zu wenig, die Fliege einfach zu einem langweiligen Standardanzug zu tragen, man sähe dann aus wie ein Zirkusdirektor. Idealerweise hat auch das Outfit eine sanft ironische oder betont modische Note.

4.19 WIE TRÄGT MAN EIN EINSTECKTUCH?

Im Zuge der neokonservativen Renaissance feiert so manch modisches Accessoire ein Comeback, das man schon fast vergessen oder in die Kreise der Dandys entschwunden sah – zum Beispiel das Einstecktuch, in der Schweiz auch unter dem niedlichen Namen «Pochettli» bekannt. Für die meisten Leute gehört es zum Abendanzug oder zum ganz grossen Hochzeitsputz, aber bestimmt nicht zur Alltagsgarderobe. Eine nicht mehr ganz zeitgemässe Einschätzung, denn das Einstecktuch hat auch in der Alltagsgarderobe seinen berechtigten Platz. Es gibt zwei Arten, sich das Tuch in die Brusttasche des Sakkos zu stecken: Entweder man lässt es wie eine kleine Fontäne hervorstehen, also relativ prominent und voluminös; oder man legt es glatt zusammen und lässt nur einen Streifen des meist unifarbenen Tuchs hervorblitzen. Die erste Variante ist flamboyanter und verspielter, dafür erinnert sie in ihrem saloppen Stil noch an den ursprünglichen Sinn und Zweck des Tuchs – es sieht so aus, als ob sich ein Edelmann damit gerade noch die Reitstiefel poliert hätte. Die zweite Variante, also der schmale textile Streifen, ist förmlicher. Sie macht sich am besten mit nicht gemusterten Tüchern und suggeriert Nähe zum italienischen Verständnis von Eleganz und Stil.

Was in jedem Fall zu beachten ist: Das Einstecktuch sollte niemals die gleiche Musterung oder Farbe wie die Krawatte des Mannes haben. Nur wenn ein Spannungsbogen zwischen diesen beiden textilen Schmückern geschaffen wird, kann auch die Persönlichkeit akzentuiert werden. Das Einstecktuch kann durchaus auch solo, also ohne die Krawatte getragen werden. Und brauchen soll man es auch, wenn es die Situation gebietet: Nichts ist so uncool wie ein Mann, der bei einem Malheur zu Tisch umständlich ein Papiertaschentuch zückt, obwohl in seiner Brusttasche ein frisches Tuch zur Verfügung stünde.

4.20 **HEMD UND JACKETT OHNE KRAWATTE –
SIEHT DAS NICHT SCHLAMPIG AUS?**

Nicht unbedingt. Denn die Krawatte steht nicht mehr so absolut für Seriosität wie einst. Sie ist oft leider nur mehr eine Konvention, die ohne Begeisterung getragen wird. Die Männer mögen den Schlips grossmehrheitlich nicht mehr, und deshalb entledigen sie sich des Übels, sobald sie sich in einem sicheren sozialen Rahmen fühlen. Sie verlieren also eher ihr Rückgrat als ihre Glaubwürdigkeit. Allerdings tauchen die sehr weichen, ungestärkten Herrenhemdkragen, die seit einiger Zeit in Mode sind, ohne Krawatte tendenziell unter das Revers des Sakkos weg, und das sieht nicht gut aus. Es müssen also etwas steifere Krägen her, will man das Hemd ohne Krawatte zum Jackett tragen.

4.21 **KRAWATTE UND JEANS, GEHT DAS ZUSAMMEN?**

Man kann in seinem Kleiderschrank ganz ohne Probleme eine Krawatte neben ein Paar Jeans hängen. Die beiden Stücke werden sich gut vertragen. Aus dem Schrank nehmen sollte man die Jeans und die Krawatte aber nur getrennt, denn wer sie zusammen anzieht, vielleicht gar zu einem sackförmigen Kurzarmhemd, der macht sich im Handumdrehen zum Vollblutprovinzler. Ausnahme: Man trägt eine superschlanke Jeans und eine entsprechende Krawatte, so schmal wie ein Schuhbändel, so wie es jüngere (englische) Rockstars tun.

4.22 **WELCHE FARBE HAT EINE GUTE JEANS?**

Die Zeit der Modediktate ist lange vorbei. Es ist besser so, denn die bescheidene Autorität der Modepresse reicht längst nicht mehr aus, um sämtliche wuchernden modischen Fauxpas zu unterbinden. Eine davon ist die hellblaue, stark verwaschene Jeans, von denen gewisse Zeitgenossen glauben, dass sie Authentizität ausstrahlt. Das tut sie leider nicht. Der Rat kann darum nur folgender sein: Man kauft seine Jeans so dunkel wie möglich und sieht zu, dass sie so bleibt. Es muss kein Raw-Denim-Brett sein, aber ein authentischer Indigoton.

4.23 WAS SIND CHINOS, UND WIE TRÄGT MAN SIE?

Chinos sind robuste Baumwollhosen, die früher die Wüstensoldaten trugen und absolute Klassiker der Männermode sind. Sie sind meist von Dockers, aber neuerdings auch von Closed: oben bequem, am Bein schmal. Man trägt Chinos eher zu sommerlichen Looks, also etwa zu geflochtenen Schuhen und Leinenhemden oder Soft-Sakkos. Schwieriger sind Kombinationen mit Krawatten – es sei denn, man kleidet sich bewusst im Ivy-League-Look der nordamerikanischen Eliteuniversitäten. Es gibt auch Chinos mit seitlich aufgesetzten Taschen, die aber besser zu Wandersleuten passen.

4.24 WAS IST VON TIEF AUF DER HÜFTE SITZENDEN MÄNNERHOSEN ZU HALTEN?

Die Mode hat auch der Menswear die sogenannte Low-rise-Hose beschert, deren Bund absichtlich tiefer sitzt. Sie funktioniert meistens nicht sehr gut, weil viele Männer eine doch recht stattliche Mitte haben und die tiefer gesetzte Hosenbundkante diesen Überhang noch akzentuiert. Die Hüfthose ist also nur für extrem schlank gebaute Männer und athletische Jünglinge zu empfehlen. Männer, die ihre Hosen dennoch lieber etwas weiter oben tragen, sollten sich deshalb von extrem modischen Marken und Slim-fit-Schnitten fernhalten.

4.25 TRÄGT EIN KENNER IMMER BÜGELFALTEN ODER AUCH MAL RUND GEBÜGELT?

Eine Anzugshose hat in aller Regel eine Bügelfalte. Sie akzentuiert die vertikale Linie der Silhouette und verschlankt die Beinproportionen. Ausserdem strahlt die Bügelfalte eine gewisse Korrektheit und Frische aus. Schon der deutsche Dada-Essayist Walter Serner (1889–1942) wusste: «Auf Bügelfalten lege grossen Wert – tue aber alles, um das Gegenteil zu beweisen.» Das gilt heute noch: Männer sollten sich der Macht der Mode bewusst sein und sie nutzen, aber es darf nie so aussehen, als hätten sie sich über alle Massen darum bemüht.

4.26 **HOSE OHNE GÜRTEL ZU TRAGEN, GEHT DAS?**

Im Grunde gehört es sich nicht – doch man sieht es immer wieder, und nicht selten sieht es gut aus! Zumindest, wenn der Träger ausgesprochen schlank ist. Italienische Modegecken lassen sich gerne auch Anzugshosen ohne Gurtschlaufen fertigen, um ihre vorteilhafte Figur zu betonen. Oft lassen sie seitlich am Hosenbund ein Paar verstellbare Riegel zum Nachjustieren der Weite anbringen. Auch zu Jeans ist der Gürtel nicht mehr zwingend vorgeschrieben. Es ist zwar nicht so, dass ein Gürtel nun out wäre, aber wer fit ist und einen flachen Bauch hat, der zieht seine Skinny-Jeans heute locker auch ohne Gürtel an. Ältere Semester mit Bauchfigur sollten diesem Phänomen allerdings nicht blindlings folgen, weil es eher nachlässig statt cool aussieht.

4.27 **KANN MAN ALS JUNGER MANN SCHON HOSENTRÄGER TRAGEN?**

Hosenträger sind toll, und es ist im Grunde nicht logisch erklärbar, warum sie heute nur noch von dicken Männern benutzt werden, denen sonst die Hosen auf die Knie rutschen würden. Mit Hosenträgern fühlt sich auch ein schlank gebauter Mann unbeschwerter als mit dem Gurt, der im Grunde gar nicht zur männlichen Physis passt. Hosenträger verlängern die Silhouette, weil sie die Hose tendenziell etwas höher in die Leibesmitte ziehen. Man muss sich aber auch vorsehen, dass die Hosen nicht zu kurz geschnitten sind und man deshalb «Hochwasser» trägt. Und nie kombiniere man Gürtel und Hosenträger!

4.28 **WIE BEGEHT MAN DEN CASUAL FRIDAY?**

Es herrscht leider vielerorts schwere Unkenntnis darüber, was eine angemessene Freizeitgarderobe ist. Die von den Amerikanern gut gemeinte, sachte Deregulierung der Kleidersitten ist nämlich in ein heilloses Durcheinander ausgeartet. Keiner weiss mehr wirklich, wo die Grenze zwischen Arbeits- und Freizeitbekleidung verläuft.

Baseballkappen sind immer casual, sie gehören weder zum Hemd noch zum Veston, geschweige denn zur Krawatte. Ein T-Shirt ist nur dann angemessene Casualwear, wenn es auch einen Kragen hat – ohne diesen gehört es zur Sportbekleidung. Auch Sweatshirts und Leibchen mit Kapuzen gehören in die Turnstunde, niemals aber in ein sich selbst respektierendes berufliches Umfeld, auch am Freitag nicht. Jeans sind nur dann smart casual, wenn sie zu guten Lederschuhen getragen werden, sonst sind sie freizeitliche Basisbekleidung für den Spaziergang mit dem Hund. Mit Turnschuhen sind Jeans sogar schlimmster «US bad taste» oder allenfalls Jugendmode. Angemessen sind dagegen Cord- und Khakihosen, in seltenen Fällen auch Cargopants. Schnürschuhe sind fürs Büro, Loafers casual, Slippers fürs Boot oder den Swingerklub. Und: Ein echter Gentleman behält selbstredend auch dann einen Veston an, wenn er es nicht unbedingt muss.

4.29 KANN MAN ÜBERHAUPT JE BEDRUCKTE T-SHIRTS TRAGEN?

Der Frühling bringt viele Menschen dazu, sich stante pede von Mänteln, Tweedjacken und Pullovern zu trennen und für sechs Monate bevorzugt in kurzen Hosen mit Sportsocken, Sandalen und T-Shirts herumzulaufen. Früher gab es – neben der ärmellosen Leibwäsche – nur eine Art von T-Shirt: Sporttrikots, meist mit Vereinslogo. Letztere werden von manchen Menschen mit einiger Hingabe gesammelt, und das kann man verstehen, solange es sich um schöne Stücke von gewissem nostalgischem Charme handelt. Ein Eddy-Merckx-Shirt mit Emblemen des flämischen Radsportverbandes ist ja schon fast eine Reliquie. Dass manche Menschen aber auch ganz profane T-Shirts aufbewahren, die sie bei irgendwelchen Open-Air-Konzerten oder Amateur-Fussballwettkämpfen bekommen haben, ist weniger nachvollziehbar.

Was ist von einem korpulenten Herrn zu halten, der ein Shirt mit der Aufschrift «Swiss Extreme Snowboarding Federation – World Olympic Selection – Downhill Team» trägt? Ist er etwa glaubwürdig? Auch Aufschriften von «Weltmarken» sind stillos, etwa der kraftlose, aber immer wieder anzutreffende Aufdruck «Esprit» oder das herrisch-teutonische «Boss», das nicht etwa eine hierarchische Position erklärt, sondern auf einen schwäbischen Kleiderfabrikanten verweist. Solche Drucke sind ein sicherer Hinweis darauf, dass man einen Bogen um diese Person machen muss.

4.30 WARUM KLAPPEN MANCHE HERREN DEN KRAGEN IHRES POLOSHIRTS HOCH?

Der nach oben geklappte Polokragen ist nicht ganz neu, sondern eine gut abgehangene Spielart von Menschen, die entweder zur Freizeit-Bourgeoisie gehören oder Zeitgenossen sind, die sich einfach nur an diesem Look von Golfern, Jachtkapitänen und Menschen mit bayrischen Freiluftautos orientieren. Die Jeunesse dorée Europas macht das mit ihren La-Martina-Shirts auch, um rechtzeitig Anspruch auf Status und eine standesgemässe Blondine zu markieren. Das Kragen-Hochstellen ist ein wenig albern, aber dafür eindeutig: Es signalisiert – freizeitlich getarnt – eine gutbürgerliche Orientierung.

4.31 IST ES OKAY, EINEN SPORTPARKA ÜBER DEN BUSINESSANZUG ZU ZIEHEN?

Auch wenn ein Kontrollblick aus dem Fenster einer Strassenbahn wohl das exakte Gegenteil sagt, weil sehr viele Männer Outdoorjacken über ihren Anzügen tragen, muss festgehalten werden: Outdoorjacken trägt ein Mann mit Stil zu Cordhosen oder Chinos, zu Combat Pants oder Jeans, aber sicher nicht zu einem feinen Zwirn! Ein echter Gentleman würde auf dem Weg zur Arbeit auch nie ein Rucksäcklein schultern, sondern sich für eine wertvolle, feste Aktentasche (oder allenfalls eine lederne Kuriertasche) entscheiden.

Freizeitjacken sind okay, wenn man zum Bergsteigen oder Wandern, zum Skifahren oder Schneeschuhlaufen geht. Auch wer den Hund rauslässt und zur Inspektion seines Ackers aufbricht, darf sie tragen. Doch wer ins Büro geht, womöglich mit einem Anzug und Schlips, der kann nicht einfach eine Sportjacke überziehen!

Allerdings scheint das Wort «Mantel» und damit das Verständnis dafür, was sich als Wetterschutz geziemt, auszusterben. Die Leute haben keine Paletots, Ulsters, Cabans und Gehröcke mehr, und auch die gute alte Kotze (alter Begriff für einen weiten Mantel) ist in Vergessenheit geraten.

Wer sich trotz dieses Plädoyers nicht für einen «richtigen» Mantel aus Wolle erwärmen kann, dem sei der Trenchcoat ans Herz gelegt. Dieser gegürtete Klassiker aus wasserabweisendem Twill ist sportlich und chic zugleich, und er passt damit problemlos auch zum Geschäftsanzug. Dicke Männer sehen darin respektabel aus, dünnen Männern gibt er etwas Format. Man trägt den Trenchcoat heute etwas kürzer als früher.

Zwei Ausnahmen vom Sportjackenverbot wollen wir gelten lassen: 1. die englische Barbour-Jacke in ihrem schweren Wachstuch; 2. die aus Mailand importierte Steppjacke mit Cordkragen, ein Look à la Gianni Agnelli. Doch besser als ein gerader bis leicht taillierter, einreihiger und knielanger Mantel aus gutem Tuch sind auch sie nicht.

4.32 WELCHER REGENMANTEL HÄLT AUCH WIRKLICH DICHT?

Kenner kaufen sich, wenn sie nicht gleich zum guten alten Ostfriesennerz aus gelb plastifiziertem Tuch greifen, einen schottischen Mackintosh. Das sind aus gummiertem Baumwolltuch geschnittene und entlang der Nähte komplett wasserdicht verklebte Regenmäntel, die nicht nur in den für Herrenmäntel typischen gedeckten Tönen, sondern auch in wunderbaren, spannenden Farbtönen erhältlich sind und wirklich stundenlang dicht halten. Am besten kauft man sich ein Modell mit Kapuze.

4.33 WELCHE HÜTE UND MÜTZEN SOLL EIN MANN MIT STIL TRAGEN?

Die Menschen verlieren laut medizinischen Untersuchungen rund 30 bis 40 Prozent ihrer Körperwärme über den Kopf, und bei Männern mittleren Alters, die nicht mehr so viel Haar zum Schutz ihres Kopfes haben, ist es wohl noch mehr. Also ist ein Mann, der nicht über sehr dichtes Haupthaar verfügt, gut beraten, sich in der kühlen Jahreszeit etwas auf den Kopf zu setzen. Wieder hoch im Kurs sind derzeit traditionelle Filzhüte, wie sie die Männer früher trugen – allerdings bei jungen Frauen. Herren sehen damit manchmal unnötig alt aus. Besser sind die kurzkrempigen Trilbys, die jünger wirken als der traditionelle Borsalino.

Männer, die sich gerne etwas legerer kleiden, sind auch mit klassischen Schiebermützen im Stil der Hollywoodgangster der 1930er-Jahre gut beraten. Sie sehen kernig aus – vor allem, wenn man sie tief in die Stirn zieht. Man kauft sie am besten aus traditionell karierter oder gekörnter englischer Wolle, und natürlich sollten sie gefüttert sein, um auch wirklich warm zu halten. Stetson stellt gute Exemplare her. Man muss dabei auf seine Hutgrösse achten, schliesslich soll so eine Kappe sitzen, aber auf der Stirn nicht drücken.

Pelzmützen sind wohl nur etwas für Dandys, doch kann man Männern, die nicht zu sehr auffallen möchten, guten Gewissens zu glatt am Kopf sitzenden, meist gerippten Beanies raten. Das sind gestrickte Mützen, wie sie auch Fischer und Seeleute tragen. Nicht gerade hoch in der modischen Gunst ist derzeit das Franzosen-Béret, doch ist bei jüngeren Männern derzeit die Uschanka aus Russland wieder gefragt. Das ist eine typische Fellmütze mit nach oben festgebundenen Ohrenklappen, die russische Militärs tragen. Es gibt sie in Echt- und Kunstpelz, wobei die Russen falsches Fell abwertend Fischpelz nennen. Ein echter Russe würde die Kappe allerdings nie mit nach unten hängen Ohrenklappen tragen, das gilt dort als unmännlich.

4.34 WANN NIMMT EIN HERR DEN HUT AB?

Natürlich nimmt der Gentleman beim Betreten jeder Art von Innenräumen (ausser Wartesälen und anderen zugigen Durchgangsorten) den Hut ab. Ausser man heisst Udo Lindenberg. Den Hut in Innenräumen aufzubehalten wagen nur Barbaren und in stilistischen Dingen ungeübte Jungspechte, die sich der Mode und/oder Justin Timberlakes wegen so ein Trilby-Hütchen gekauft haben und meinen, das dann immer und überall tragen zu müssen. Vielleicht haben sie aber auch nur eine blöde Frisur unter dem Hut, das kann ja durchaus passieren. Im Grunde wäre es zu begrüssen, wenn mit der neuen Hutmode auch die schöne Sitte wiederkehrte, dass man die Kopfbedeckung zur Begrüssung kurz lupft oder wenigstens die Hutkrempe antippt. Da Menschen sich aber, gerade im städtischen Raum, meist gar nicht mehr begrüssen, wird dieser Wunsch wohl ein solcher bleiben.

4.35 WELCHE TASCHEN TRÄGT EIN GENTLEMAN?

Viele Männer haben ein ungelöstes Taschenproblem: Handy, Portemonnaie, Zigaretten und so weiter müssen irgendwo verstaut sein, aber das Herrenhandtäschchen mit Handschlaufe, das man in den 1970er-Jahren zu etablieren versuchte, ist nicht wirklich eine Option. Die oft in peinlicher Sprachverdrehung Body-Bags genannten Leibtaschen sind genauso wenig opportun wie Rucksäcke. Männer, die über 20 Jahre jung sind und nicht mehr studieren, tragen ihre Sachen in der Hand, nicht auf dem Rücken. Richtiggehend fürchterlich sind Bauchbeuteltaschen: Eine solche Entgleisung sollte ein Mann nie tragen, noch nicht einmal zu Shorts und T-Shirt in den Ferien, wo es noch am ehesten hingehört.

Dem Mann bleibt also nur eine Aktentasche oder eine flache, elegante und nicht zu sportive Umhängetasche. Es gibt sie aus Leinen, Canvas oder kernigem Leder, manchmal auch gemischt. Sie müssen auch nicht zwingend so gross wie Laptop-Taschen sein. Zur Krawatte gehört eine lederne Aktentasche. Plastic sollte ein Gentleman immer verschmähen.

4.36 MUSS DIE AKTENTASCHE DES HERRN AUF DESSEN SCHUHE ABGESTIMMT SEIN?

Natürlich ist es eine Erscheinung von vollendeter Eleganz, wenn sogar die Tasche auf die Schuhe und den Gürtel eines Geschäftsmannes abgestimmt ist. Konservative Stilratgeber empfehlen diese Finesse auf jeden Fall. Wer mag, soll sich also diesem kostspieligen Sport hingeben. Es muss aber immer selbstverständlich und lässig wirken, da sonst das Bestreben um Perfektion ins Geckentum kippt.

4.37 KANN MAN SEINEN GELDBEUTEL IN DIE GESÄSSTASCHE STECKEN?

Nie und nimmer. Das in die rückwärtige Tasche der Hose gestopfte Portemonnaie ruiniert jede Silhouette und lässt einen Mann schief gewachsen aussehen, als hätte er sich von einem schlimmen Hüftleiden nie mehr richtig erholt. Es ist roh und unelegant, sein Geld auf diese Weise mit sich herumzutragen. Kenner haben einen flachen Geldbeutel mit dem Papiergeld und den wichtigsten Kreditkarten in der Jackentasche und lose Münzen werden in ein separates, kleines Fach in der rechten Hosentasche gesteckt – falls man das Kleingeld nicht sowieso als Trinkgeld dort liegen lässt, wo man es bekommen hat.

4.38 WELCHE SCHUHE TRÄGT EIN ELEGANTER MANN IM SOMMER?

Nichts gegen Flip-Flops und Sandalen, aber alles an seinem Ort: Die einen gehören an den Strand, die anderen an Kinderfüsse. Gute Sommerschuhe für Männer mit Stil sind helle, geflochtene Lederschuhe (etwa von Bally), Chucks (von Converse), Wildledermokassins (Tod's oder Car Shoe), Leinenschnürer, Bootsschuhe sowie Espadrilles. Alle sollte man tunlichst ohne Socken tragen. Zu Bermudas oder Leinenhosen sehen auch Birkenstock-Sandalen oder lederne Zehensandalen gut aus, vorzugsweise in einem schönen Braunton, aber bitte mit schön geschnittenen Zehennägeln und vorgebräunten Füssen.

4.39 WIE OFT PUTZT EIN GENTLEMAN SEINE SCHUHE?

Wohl gibt es sie kaum noch, die Dandys alter Schule, die jeden Sonntag um acht Uhr aufstehen, um den gesamten Schuhbestand auf dem Tisch aufzureihen und sich dann eine Stunde lang mit Creme, Lappen und Bürste der Pflege ihrer Fussbekleidung zu widmen. Es ist heute kaum noch Usus, seinem Schuhwerk lebensverlängernde Massnahmen angedeihen zu lassen, erst recht nicht an einem freien Tag. Und dennoch gehört Schuhe putzen zu den essenziellen Pflichten eines modernen Genussmenschen. Man kann absolut perfekt angezogen sein – wenn die Schuhe stumpf, abgetreten oder gar schmutzig sind, hat man trotz grossartigen Outfits verloren.

Dabei geht es nicht nur um das Schaftleder des Schuhs, das streifenfrei und blitzblank poliert sein soll, sondern auch um die Sohle und die Sohlenränder. Schief abgelatschte Absatzkanten sind ein Zeugnis mangelnder Sorgfalt. Auch heller werdende und ausfransende Sohlenränder gehören, gerade bei Männerschuhen, regelmässig nachgefärbt. Man kann versuchen, das selber zu machen – allerdings braucht man dafür etwas anderes als eine kommune Schuhcreme. Also lässt man besser gleich den Profi ran, der dem Schuh bei dieser Gelegenheit auch eine professionelle Politur geben kann.

Und so geht es: 1. Mit einer Bürste die Schuhe von sichtbarem Schmutz reinigen und mit einem nur leicht feuchten Lappen nachreiben. Mit einer Zahnbürste bekommt man Dreck aus den Sohlenrändern. 2. Trocknen lassen, dann grosszügig Politur in der Farbe des Schuhs mit einem weichen Baumwolltuch auftragen. 3. Schuhränder mit Sohlenfarbe nachziehen. 4. Trocknen lassen, mit einem weichen Lappen die Creme ganz ins Leder einreiben. 5. Die Schuhe mit einer Naturhaarbürste und raschen Handbewegungen auf Hochglanz bringen. 6. Gegebenenfalls Schnürsenkel ersetzen, Schuhspanner einsetzen und das Werk einige Minuten ruhen lassen, bevor man es der Welt vorführt.

4.40 MÜSSEN SOCKEN ZUM ANZUG IMMER KNIELANG SEIN?

Egal, wie sehr sich die Welt der Schweizer Manager auch um Anerkennung bemüht, es wird immer einen Grund geben, warum sie von ihren Kollegen in London, Mailand oder Frankfurt verlacht wird: die kurzen Söckchen. Nicht die fehlende Eloquenz gegenüber dem Deutschen, der im Vergleich zum britischen Schneid etwas hölzerne Umgang oder die mangelnde Lässigkeit sind das Problem, sondern die knöchelkurzen Strümpfchen. Schweizer Männer lieben die kurze Sportsocke, auch zum Anzug. Und das gehört sich wirklich nicht. Es ist ein kapitaler Fauxpas, wenn unter dem Hosensaum ein nacktes und dürr behaartes Bein hervorlugt, wenn ein Mann seine Beine übereinanderschlägt.

Doch es genügt nicht, einfach schwarze Businesssocken zu tragen – sie müssen auch lang sein! Für den gepflegten Italiener oder den englischen Gentleman ist das total selbstverständlich. Warum die frohe Kunde der feinen Langsocke aber bei den Schweizer Männern noch nicht angekommen ist, entzieht sich den Erklärungen. Es scheint den Herren Eidgenossen wohl einfach ein wenig zu affektiert oder weibisch, kniehohe Socken zu tragen. Vielleicht fürchten sie sich auch davor, dann Sockenhalter montieren zu müssen, so wie das manchmal in alten Filmen zu sehen ist? Oder ist es eine tief in der Volksseele verwurzelte Ablehnung gegenüber dem früher im männlichen Adelsstand üblichen Strumpf?

4.41 SIND HELLE SOCKEN EBENSO SCHLIMM WIE WEISSE?

Zu Sneakers sind helle Socken überhaupt kein Problem, ja sogar die naheliegendste Lösung. Es sähe wirklich eigenartig aus, solch freizeitliches Schuhwerk mit (womöglich noch knielangen) Businesssocken zu tragen. Es müssen aber richtige Socken sein, nicht so kleine Söcklinge, die gehen nur für Frauen.

Anders ist es beim Businessanzug: Nach alter Schule soll die Farbe der Socke die des Beinkleides fortsetzen, also dem Anthrazit oder Dunkelblau des Zwirns entsprechen. Allerdings sind auch die Schuhe zu bedenken: So würde kein stilvoller Mann schwarze Socken zu braunen Schuhen tragen. Der moderne Mann würzt sein Outfit deshalb mit einem guten Schuss Farbe, so wie es auch grossartige Gentlemen wie Jeremy Hackett, John Waters oder Prinz William gerne tun. Sie kaufen sich also bunt gestreifte, wadenlange Socken. Die besten sind von Gallo aus Italien, die von Happy Socks halten leider nicht ähnlich lange. Im Hochsommer kann man – ausser im Business – die Socken auch ganz weglassen.

4.42 KANN MAN ALS 50-JÄHRIGER NOCH CHUCKS TRAGEN?

Männer, die nach 45 noch immer in modischen Turnschuhen den Alltag bestreiten, haben entweder ein gravierendes Gelenk- oder Hüftleiden – und/oder sie sind peinliche Berufsjugendliche. Doch sollte man diese Faustregel nicht einfach ohne Ausnahmen stehenlassen. Denn davon ausgenommen sind sogenannte Turnschuhklassiker, die auch an Herren in bestem Alter nicht lächerlich aussehen. Dazu gehören die Chucks (oder All Stars) von Converse. Solange man diese Modelle wählt und sich nicht an gar grellen Farben vergreift, kann man Turnschuhe tragen, bis man einen Gehstock braucht. Dann jedoch sollte man die Situation neu analysieren.

4.43 WELCHE TURNSCHUHE SIND UNVERZICHTBAR?

Die letzten Jahre haben den Menschen eine nicht mehr zu überschauende Flut von Neuerungen im Bereich der Fussbekleidung beschert. Gerade das Segment der Turnschuhe hat sich besonders rasant verbreitert. Heute gibt es Retro-, Hip-Hop-, Skater-, Hänger-, House-, Punk- und andere Splittergruppen-Sneakers sowie Crossover-Modelle zwischen Halb- und technischem Turnschuh, einige davon gar mit selbstatmender Dampfbügelsohle.

Vergessen kann man Fabrikate all jener Klonmarken, die sich in den letzten Jahren aus dem Nichts hervorgetan haben und im Grunde keine Historie oder Berechtigung dazu haben, Sportschuhe herzustellen.

Auch die Pseudoturnschuhe von besser etablierten Marken kann man vergessen – sie sind so unnötig wie Luxus-Sneakers von Marken, die ausser einem lächerlich hohen Preis für Sportschuhe nicht viel Aufregendes bieten. Fort mit diesen dekadenten Auswüchsen!

Übrig bleiben einige wahre Perlen des Turnschuhwesens: bewährte Gewächse wie der knuffige Superstar, der coole Stan Smith, die elegante Gazelle oder der schlaue Campus von Adidas, der hinterhältige Clyde oder der Roma von Puma sowie die zeitlos coolen Low-Tech-Schnürer All Star von Converse. Ein gestreifter Künzli bleibt genauso im Rennen wie schlichte Modelle von K-Swiss, New Balance oder Nike. Diese Turnschuhe kombiniert man nun eben nicht zu Jeans, Baggy- oder Cargohosen, sondern zu einer XL-Nadelstreifenhose, die einem fast von den Hüften fällt. Dazu ein Hemd und ein Veston, vielleicht auch eine Krawatte – aber keinen Anzug. Fertig ist der gepflegte Stilbruch neuerer Prägung.

4.44 **SOLL MAN DAS HEMD MIT ODER OHNE UNTERHEMD TRAGEN?**

Weit geschnittene, sich abzeichnende Schlabber-T-Shirts unter dem Oberhemd oder solche, deren Kragen am Hals unter dem Hemd hervorschaut, sind natürlich unelegant. Wenn schon, trägt man ein richtiges Unterhemd, etwa die feine Richelieu-Qualität von Zimmerli, die eng am Körper anliegt und sich deshalb kaum abzeichnet, oder sie entscheiden sich, gerade in der kälteren Jahreszeit, für etwas festere Hemdenstoffe, etwa einen körnigen und trotzdem eleganten Oxford-Stoff, ein sportliches Chambray-Gewebe oder – warum auch nicht! – einen gerauten Flanell.

4.45 **WELCHE LEIBWÄSCHE TRÄGT EIN MANN MIT STIL?**

Ein durchschnittlicher Mitteleuropäer hat, so schätzen Fachleute, etwa 18 Unterhosen im Schrank. Maximal fünf davon hat er sich im letzten Jahr angeschafft, die ältesten Stücke sind also gut und gerne schon fünf Jahre oder sogar noch länger im Einsatz. Und auch diese hat er sich oft nicht einmal selbst besorgt, denn nur vier von zehn Männern kaufen ihre Leibwäsche selbst. Der überwiegende Teil der Herren überlässt den Erwerb dieser Grundausstattung der Gattin oder Lebensgefährtin. Die englische Kaufhauskette Debenhams will sogar wissen, dass Männer nur zwischen 19 und 36 Jahren selber Unterhosen kaufen. Wenn Männer Unterhosen kaufen, dann meistens Mehrfachpackungen mit Slips in Feinrippqualität, hauptsächlich in Schwarz oder Weiss, denn das mögen 60 Prozent der Männer am liebsten.

Doch es gibt Hoffnung. Namhafte Markenhersteller halten immerhin einen Drittel Markt- und sogar die Hälfte Wertanteil im Unterhosengeschäft, und ihr Sortiment richtet sich an einen neuen Mann, der Unterhosen sucht, in denen er gefällt. Wie das geht, weiss das deutsche Branchenfachblatt *Textil-Wirtschaft*, das für einen entsprechenden Verbraucherfokus auch die Meinung von Frauen einholte. Demnach mögen fast zwei Drittel der Damen am liebsten sogenannte Retro-Pants, also eng anliegende Unterhosen mit kurzgeschnittenen Beinchen. Dagegen ist das, was die meisten Männer tragen, nämlich der klassische gerippte Opa-Slip, bei nicht einmal einem Drittel der Probandinnen besonders wohlgelitten. Ganz unten in der Gunst der Damen stehen bunt gemusterte Boxershorts, die gerade einmal 15 Prozent der Frauen sexy finden. Sogar der String-Tanga schneidet in Deutschland mit knapp 30 Prozent Akzeptanz noch besser ab als die schlabbernd-bunte Unterhose.

4.46 **WIE KANN EIN MANN HEUTE STILVOLL TRAUER TRAGEN?**

Früher trug ein Mann während einer Woche schwarze Krawatten, wenn er ein Familienmitglied verloren hatte, bei sehr nahestehenden Sterbefällen auch länger. Die engsten Familienmitglieder trugen ausserdem während mehrerer Tage eine schwarze Armbinde. Heute sehen diese nicht mehr gebräuchlich aus und werden oft gar für politische Statements angesehen, weswegen man von diesem zwar schönen, aber missverständlich interpretierbaren Accessoire abraten muss. Man hätte wohl mehr hitzige weltanschauliche Diskussionen als Kondolenzbekundungen zu erwarten. Dagegen ist die schwarze

Krawatte auch heute noch ein angemessenes Symbol, um Trauer zu tragen. Zu einem Geschäftsanzug passt auch ein mit mattschwarzer Seide überzogener Trauerknopf oder Button.

4.47 WANN TRÄGT EIN MANN SHORTS?

Es gibt Hardliner, die sagen, ein Gentleman trage gar nie kurze Hosen. Und tatsächlich lehrt einen die Kostümgeschichte, dass die ganz grossen Männer – ausser es waren Sportskanonen – wirklich kaum je ihre Waden zeigten. Diese Regel ist aber angesichts der geltenden Gewohnheiten etwas unzeitgemäss geworden. Denn Tatsache ist, dass Männer – gerade in teutonisch geprägten Kulturkreisen! – offenbar nichts lieber tun, als der Welt ihre haarigen Waden zu zeigen und dass ein Teil der Damenwelt sogar bereit ist, diesen Anblick zu ertragen.

Herren, die einen Rest an Würde wahren wollen, tragen in der Öffentlichkeit Hosen, die eine Schrittlänge (aus dem Kreuz gemessen) von mindestens 18 Zentimeter haben. Also Bermudas. Weit geschnitten und mit Cargotaschen ist okay, wenngleich etwas demodé, dann aber immer zu offenen Schuhen oder Sandalen – und immer ohne Socken! Smarter sind die schmalen Hosen, die wie verkürzte Slacks aussehen.

Ein feiner Zeitgenosse ist der, der sich mit diesen Beinkleidern nicht öffentlich blicken lässt, sondern die kurzen Hosen ausschliesslich im privaten Rahmen trägt, etwa im Garten, bei der Reinigung des Pools, an Deck seines Schiffes oder in der Badeanstalt. Das Schwimmbad oder das Open-Air-Festival sind denn auch die einzige nicht öffentliche Ausnahme. Nicht für öffentliche Auftritte infrage kommen alle Hosen, die kürzer sind als bis Mitte des Oberschenkels. Und Hotpants sind selbstverständlich tabu für alle Herren, die nicht wie ein Relikt aus *La Cage aux Folles* rüberkommen wollen.

4.48 SIND KNÖCHELLANGE DREIVIERTELHOSEN EINE OPTION?

Die Dreiviertelhose für Männer gehört per Eildekret des europäischen Gerichtshofs verboten, denn sie lassen auch gut gebaute, erwachsene Männer wie Halbwüchsige aussehen. Ausserdem ist der männliche Unterschenkel in 99 Prozent der Fälle nicht dazu geeignet, der Menschheit nackt vorgeführt zu werden. Zu oft sind die Proportionen ungünstig, die Haut scheckig, das Wadenhaar buschig. Zudem ist es eine Tatsache, dass Männerbeine oft untrainiert und damit formlos sind. Wessen Beine also nicht perfekt trainiert, makellos behaart und schön gebräunt sind, der wird sich nie und nimmer in Dreiviertelhosen zeigen. Ein Herr trägt solch alberne Dinge nicht. Eine Ausnahme bilden Männer, deren Beine aufgrund ihrer Jugend noch nicht haarig sind – also Buben bis elf Jahre. Ihnen steht das unmögliche Stück Mode am ehesten noch.

4.49 KANN EIN MANN AB 50 NOCH KAPUZENPULLOVER TRAGEN?

Wer in dem populären, aus den USA importieren Weekend-Aufzug einmal rasch zur Tankstelle oder mit dem Hund spazieren geht, sollte damit kein grösseres Aufsehen erregen. Auch an einem Hip-Hop- oder Rockfestival wird man damit nicht über Gebühr auffallen. Doch für berufliche oder gar gesellschaftliche Einsätze gibt es für einen Herrn in den besten Jahren passendere Kleidung, die trotzdem nicht weniger bequem ist, etwa Chinos, Oxford-Hemden und Cardigans.

4.50 MUSS EIN MANN VON WELT EINE EXKLUSIVE UHR BESITZEN?

Uhren sind für Männer von grösster Wichtigkeit. Manch einer hält den Zeitmesser gar für sein bedeutendstes Statussymbol, weswegen man in Situationen, in denen zwei Männer aufeinandertreffen, oft eine bizarre Handlung beobachten kann: Beide Herren schütteln, bevor sie sich hinsetzen, unauffällig ihre Uhren nach vorne, um seinem Gegenüber als Erstes seine monetäre Potenz klar zu machen.

Nicht alle Männer nehmen an diesem eigenartigen Wettbewerb teil. Ein bedeutender Teil der Männerwelt läuft auch heute noch mit scheusslich altmodischen Uhren herum. Man sieht die seltsamsten Restpostenwecker, die entweder zu mickrig, zu flach, zu speckig oder zu golden sind. Besonders schwer wiegt dieses Vergehen in der Schweiz, dem Land der exklusiven Uhren. In der Schweiz zu leben und eine schlechte Uhr zu tragen, ist etwa so, wie wenn man auf Hawaii leben und nie zum Strand gehen oder als Franzose keinen Rotwein trinken würde. Es ist ein Verrat an der Heimat.

Als Erstes wird die alte Uhr abgelegt, notdürftig geputzt und dann online an einen anderen Banausen auf dieser Welt versteigert. Weg ist weg. Dann geht man ins gute Fachgeschäft und packt das Übel bei der Wurzel. Klassische Modelle von schlichter Schönheit stehen wieder ganz oben in der Gunst des zeitgenössischen Gentleman. Die ganz dicken XL-Modelle sind nicht mehr nötig. Es braucht auch keine Investition in fünfstelliger Höhe zu sein, wenngleich dies für eine schöne Patek Philippe oder Jaeger Le Coultre schon fällig wird. Oft reichen schon weniger als 4000 Euro, um glücklich zu werden. Hier die aktuelle Top Ten der bezahlbaren Männer-Uhren: 1. Omega Speedmaster, 2. Tudor Heritage Chrono, 3. Seiko Spring Drive, 4. Nomos Zürich, 5. Tag Heuer Monaco, 6. Junghans Max Bill Chronoscope, 7. Ochs & Junior Mesa, 8. Rado Original, 9. Zenith Elite Automatic, 10. Tissot Couturier.

Diese Auswahl ist total subjektiv und nicht abschliessend. Wer sich nicht mit dieser reduzierten Art von moderner Klassik anfreunden kann, der möge sich – wenn er sich eher casual kleidet – eine sportliche Uhr aus Stahl kaufen. Ansonsten darf zu klassischen, flachen Modellen mit Lederband geraten werden. Alle zusätzlichen Schnickschnackfunktionen hat man ja heute auf seinem Handy.

4.51 MACHT EINE TASCHENUHR EINEN MANN UNNÖTIG ALT?

Man sieht die Taschenuhr mit Kette kaum noch. Doch wer eine trägt, der sollte sie unbedingt in eine Weste stecken – die nach Jahren der Absenz nun wieder etwas modischen Kredit hat. Einzige Alternative:

Man befestigt die Uhr mit einer Kette an einer Gurtschlaufe und steckt die Uhr in die Hosentasche. Kenner lassen sich dafür in der Hosentasche ein Extrafach nähen, damit die Uhr nicht unnötig herumpurzelt oder von anderen Dingen zerkratzt wird.

4.52 IST ES NOCH ZEITGEMÄSS, STETS EIN STOFFTASCHENTUCH IN DER HOSENTASCHE ZU HABEN?

Der Wegwerfartikel hat auch in diesem Bereich das ökologische und nachhaltige Traditionsprodukt verdrängt, obwohl das Papiertaschentuch eindeutig weniger elegant ist als ein weisses Baumwollnastuch. Täglich ein frisches Taschentuch, bei Erkältung gerne auch öfter, ist selbst für Männer, die noch nicht im Rentenalter sind, ein stilvolles Accessoire. Der wahre Gentleman hat sogar stets zwei Taschentücher dabei. Das eine zieht er, etwa wenn eine Dame Hilfe benötigt, blütenfrisch aus der inneren Sakkotasche, das andere steckt zum Naseschnäuzen in der Hosentasche. Am Folgetag wandert das Taschentuch aus dem Sakko in die Hosentasche, sofern es nicht bereits anderweitig genutzt wurde, und das aus der Hose geht abends in die Wäsche. Das Sakko wird dann mit einem neuen, bügelfrischen Taschentuch bestückt. Wirklich komfortable Taschentücher sind aus Leinen oder Baumwolle und haben einen handrollierten Saum.

Zur Handhabung des Taschentuchs ist anzufügen, dass man selbstverständlich seine Nase damit putzt, niemals aber sonst etwas abwischt, das einem nicht selbst gehört. Man schnäuzt sich, indem man sich umdreht und das Sekret diskret aus der Nase pustet. Überlautes Herumtrompeten ist ebenso unschicklich wie etwaiges Nachbohren mit einem vom Tuch umhüllten Zeigefinger, um auch den letzten Krümel zu erwischen.

4.53 WARUM FUSSELN KASCHMIRPULLOVER?

Das sogenannte Pilling bei Kaschmir ist die Folge von mechanischem Abrieb auf der Oberfläche der Fasern. Je kürzer die Haare der Wolle oder je lockerer die Faser versponnen wurde, desto leichter lösen sich einzelne davon aus dem Garn und verknoten sich. Das gibt die unerwünschten Knötchen. Das muss aber nicht zwingend ein Hinweis auf mangelnde Qualität der Strickwaren sein – es ist gewissermassen die Natur der Naturfaser!

Durch Beimischungen anderer Wollfasern (Schaf, Kaninchen, Alpakas) oder Synthetik kann das Pilling minimiert werden, doch das ist nur dann sinnvoll, wenn der Pullover auch in der Maschine gewaschen werden soll. Der Nachteil ist oft auch, dass die beigemischte Kunstfaser schneller schlecht riecht. Wolle kann man dagegen einfach lüften, sie nimmt auch Schmutz nicht so leicht an. Gute Kaschmirqualität zu finden kommt einer kleinen Doktorarbeit gleich. Oft wird die Ware verstreckt wie sonst nur Kokain. Deshalb der Rat: Gute Ware kauft man, indem man mit verbundenen Augen einkaufen geht. Erst wenn ein Produkt den Händen schmeichelt, soll man auf den Preis und das Design schauen.

4.54 HAT EIN GENTLEMAN IMMER EINEN REGENSCHIRM GRIFFBEREIT?

Viele Männer leisten sich zwar extrem teure Niederquerschnitt-Winterreifen und vielleicht einen kuscheligen Kaschmirschal, aber beim Schirm hört es mit der Grosszügigkeit schlagartig auf. Allenthalben führen sie schlecht funktionierende, zerschlissene, schiefe, mit Logos bedruckte, verschossene und einfach grässlich billige Schirme spazieren. Grelle Farben und Gratisschirme, die von Banken, Versicherungen oder Lokalradiostationen als Werbegeschenke abgegeben wurden, sind schlimm. Ausserdem halten sie meistens keine Saison durch, weil sie derart schlecht gefertigt sind.

Da muss man sich fragen: Was nützt der schöne Anzug, wenn man ihn einfach so dem Regen aussetzt? Klar: Einen Schirm lässt man alle paar Wochen irgendwo liegen. Doch ist Vergesslichkeit oder Nachlässigkeit noch immer keine Entschuldigung für schlechten Geschmack! Ein guter, exklusiver und persönlicher Schirm ist der formvollendete Ausdruck durchdachter Eleganz. Herren tragen vorzugsweise einen dunklen Schirm aus matt schimmernder (Kunst-)Seide, wobei der Stockschirm auf jeden Fall die elegantere Wahl als der kompakte Knirps ist. Dieser ist aber eine gute Ergänzung und sollte als Schirm für Notfälle oder Begleitungen bereitgehalten werden. Natürlich gibt ein Herr der Dame unter dem Schirm den Vorzug, wobei er diesen aber weiterhin selbst festhält.

Es gibt sogar Gentlemen, die keinen Schirm ab Stange kaufen, sondern diesen vom italienischen Schirmmacher in Florenz auf Mass machen lassen. Weil ein Schirm, in geschlossenem Zustand freilich, auch ein Gehstock sein kann, der auf die individuelle Körpergrösse Rücksicht nimmt.

4.55 KANN MAN IM ANZUG DURCHS LEBEN GEHEN UND TROTZDEM EINEN DREITAGEBART HABEN?

Es hat sich heute auch auf Ebene von Vorstandsvorsitzenden von Weltkonzernen durchgesetzt, mit einem Drei- oder Sechstagebart auf der Teppichetage aufzukreuzen. Und das ist okay, denn der Mann soll heute wieder ein echter, kerniger Typ sein, und das verdeutlicht man mit ein wenig Bart sehr effektvoll. Allerdings bedarf der zum Anzug getragene Dreitagebart einer sorgfältigen Pflege: Er muss regelmässig gestutzt sowie am Hals und an den Wangen sauber ausrasiert werden. Unwahrscheinlich ist dagegen, dass der Vollbart bald wieder Mode wird. Zwar sieht man immer wieder einen Schauspieler oder eine sonst wie öffentliche Person, die einen Bart-Spleen entwickelt, um sich abzugrenzen. Siehe Johnny Depp oder Brad Pitt. Doch auch Henriquatre, ein Bartkranz um Ober- und Unterlippe, passt nicht mehr ins Bild. Vorsicht auch vor den vermeintlich coolen Bärten: Der Ziegenbart als Accessoire der Surfer- und Skaterszene hat sich überholt, und die sehr kleinen Minibärte in der Kinngrube sind noch etwa so trendy wie ein Handy am Gürtel. Und der Schnauzer wirkt, wenngleich er von Hipstern wieder favorisiert wird, an den meisten Männern noch immer etwas ländlich.

4.56 WAS GEHÖRT ZU EINER STILVOLLEN RASIERAUSRÜSTUNG DES MANNES?

Es ist höchste Zeit, dass die sich nass rasierenden Männer sich der überteuerten und ästhetisch unbefriedigenden Mehrklingen-Systemrasierer entledigen und zum altbewährten Gerät greifen. Ein schöner Dachshaarpinsel mit Büffelhorngriff ist ein toller Klassiker, dazu ein stählernes Rasiermesser und eine Porzellanschale zum Aufschäumen der Rasierseife. Dazu eine Flasche Rasierwasser, etwa von Acqua di Parma, und der Tag kann beginnen!

4.57 SIND MÄNNER, DIE SICH MIT KOSMETIK BESCHÄFTIGEN, NICHT SUSPEKT?

Generell gilt: Ein Mann sollte auch heute noch ein Mann sein. Es erwartet keiner, dass ein Kerl mit Lippenstift und Nagellack auf die Strasse geht. Männer, die sich schminken, hat man auch in den Blütezeiten des Metrosexuellen nicht gesehen. Und es wird in den nächsten zehn Jahren auch kein Standard werden. Was aber interessanter ist als das Extrem des effeminierten Dandys ist die Tatsache, dass auch der ganz normale Mann heute ein gesundes Bewusstsein für Pflege hat. In den letzten zehn Jahren haben sich die Umsätze mit Männerpflege immerhin verdoppelt, und jede fünfte Schönheitsoperation wird inzwischen an Männern vorgenommen.

Eine gute Kosmetik hilft dem Mann, ohne sich in den Vordergrund zu drängen. Es geht um Haut- und Körperpflege, und nicht um Dekoration und Schminke. Für die meisten Männer dürften ein Deo, ein Eau de Cologne, Hautcreme und Haargel selbstverständlich sein. Ein bisschen spezieller wirds bei pflegenden Masken oder Zahnbleaching-Schienen sowie Wachsstreifen zur Haarentfernung und Bauchstraffungs-Gels – Letztere sind nicht viel mehr als ein wirkungsloser Kosmetikgag. Schon leicht abnormal sind Selbstbräuner, Lipgloss, Gesichtspuder oder gefärbte Haare.

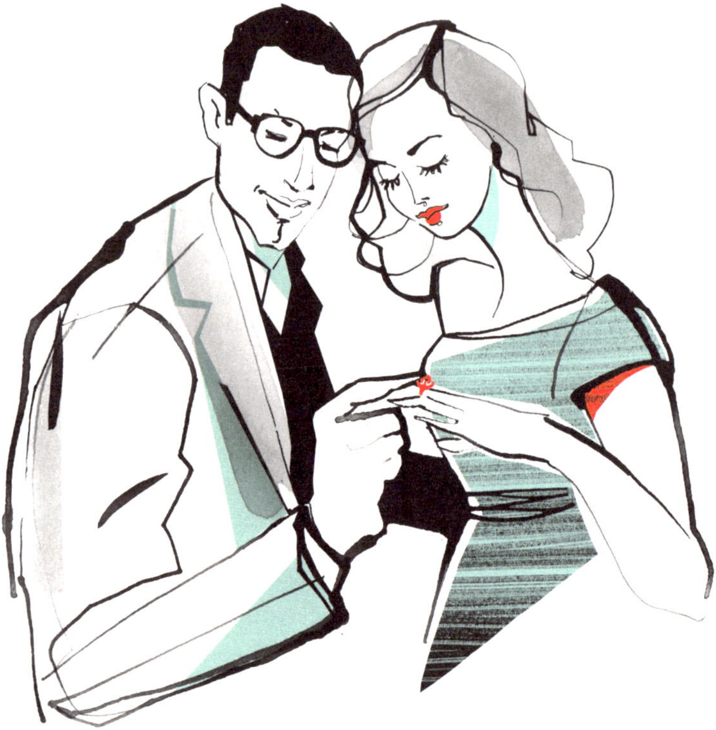

5. **DIE KUNST ZU HEIRATEN**

Zu heiraten stellt den modernen Zeitgenossen in vielfacher Hinsicht vor eine umfassende stilistische Prüfung. Zum einen ist die Frage zu klären, ob man sich auf ewig binden mag – wobei sich diese Ewigkeit in Realität ja dann oft als relativ überschaubare Phase erweist. Dann muss man seine Freunde in zwei Gruppen sortieren: die wichtigen und die nicht zwingenden. Schon diese Triage hat manches Paar an den Rand einer vorzeitigen Auflösung seiner Beziehung gebracht. Und schliesslich sind bedeutende ästhetische Entscheide zu fällen: Wo heiratet man, mit welchem Zeremoniell, in welchem Aufzug, und was wird kredenzt?

5.1 WIE SIEHT EIN GEKONNTER HEIRATSANTRAG AUS?

Ein gelungener Heiratsantrag findet nicht zu Hause im Pyjama auf dem Sofa, sondern in fernen Gefilden statt. Ein Gentleman wählt neutralen Boden, um die Auserwählte vor die Entscheidung zu stellen. Dort, wo es nicht um leere Kühlschränke und vertrödelte Steuererklärungen geht, lässt sich die Frage aller Fragen am besten stellen. Man begibt sich also auf eine Reise, vorzugsweise in eine andere Klimazone – einfach zum Italiener um die Ecke funktioniert nicht richtig.

Dann gilt es, die Dramaturgie des Um-die-Hand-Anhaltens zu definieren. Natürlich fragt man nicht beim Aufschliessen des Hotelzimmers, auch nicht beim ersten Drink auf der Terrasse des temporären Domizils. Man begibt sich, den Verlobungsring diskret in der Jackentasche versteckt, zu einem gediegenen Dinner, wo man genügend Privatsphäre hat. Wohlverstanden: Man geht nicht in einen Klub, wo die Gäste wie Batteriehühner zusammengepfercht mit Bässen bombardiert werden, sondern in ein etwas angestaubtes Lokal, wo man gut kocht, die Musik nicht alles überdröhnt und man dem Gast auch in puncto Placierung der Tische genügend Platz und Privatsphäre einräumt.

Der Heiratsantrag erfolgt jedoch nicht schon bei der Vorspeise, sondern wird wie ein Schatz gehütet, bis Vorspeise und Hauptgang vorbei sind. Dann erst stellt man die Frage, und zwar nicht um sieben Ecken herum, sondern relativ unmissverständlich und sicher nicht so beiläufig, wie wenn man einen Kaffee bestellen würde. Der Zeitpunkt vor dem Dessert ist in jeder Hinsicht ideal. Denn sollte die Auserwählte Ja sagen, schmeckt das folgende Dessert umso süsser. Man überreicht den Ring und freut sich auf den Rest des Abends. Sollte sie den Heiratswunsch allerdings ausschlagen, so muss man nur noch für die Dauer der Nachspeise ausharren, bis sich die beklemmende Situation auflöst. Und man kann, falls einem die Worte ganz fehlen, wenigstens noch etwas im Teller herumstochern und sich fragen, ob hier nicht nur der Kuchen, sondern das ganze Terrain verbrannt riecht.

5.2 WAS IST VON DIESEN TYPISCHEN HOCHZEITSKLEIDERN UND -ANZÜGEN ZU HALTEN?

Man möge sich um Himmels willen von Hochzeitsfachgeschäften fernhalten! Sie versprühen heimlich Drogen, die ihre Opfer willenlos machen und ihnen die ästhetische Urteilskraft rauben, denn anders kann man sich nicht erklären, dass Tausende im Grunde schöner, natürlicher und lebensfroher Frauen im besten Alter in steife Polyesterroben gepresst und wie Schaufensterpuppen geschminkt und frisiert werden. Und die Männer erst: Sie sehen in ihren überlangen Kitschgehröcken mit schimmernder Pompkrawatte wie lackierte Türsteher in einem Provinzbordell aus!

Stattdessen kaufe man ein helles, natürlich vorzugsweise weisses oder cremefarbenes Kleid, das sich auch als Hochzeitskleid qualifiziert, in einer schönen Boutique. Lanvin stellt traumhafte und entspannte Roben her, doch man schaue sich auch die Kleider von Morgane Le Fay an, darin heiraten die Prinzessinnen von heute.

5.3 KANN ICH IN EINEM DUNKELBLAUEN GESCHÄFTSANZUG HEIRATEN?

Heiraten, da dürften die meisten Leser zustimmen, tut man nicht alle Tage. Daher sollte man für sein Outfit schon etwas mehr aufwerfen als für einen Businesslunch. Der dunkelblaue Geschäftsanzug ist für eine

Ziviltrauung okay, aber für die Kirche ist er nicht schicklich genug. Sollte er Nadelstreifen haben, wärs noch schlimmer, weil er zu sehr nach Sitzung und Aktenkoffer aussieht.

Fein ist jedoch ein nachtblauer, also fast schwarzer Anzug von feinem, aber keinesfalls aufdringlichem Glanz. Das Jackett sollte schlank geschnitten sein, auf zwei Knöpfe schliessen und bitte auf gar keinen Fall die für Hochzeitsanzüge übliche, aber unmögliche Dreiviertellänge haben. Am besten ist der schmale Einreiher mit Spitzrevers, den ein geübter Masskonfektionär fertigt. Ein solcher Anzug hat modischen Schliff, eine festliche Note und taugt so später auch zu einem weniger hohen Fest. Wer mag, kann das Sakko auch separat zu Jeans oder schmalen Bermudas tragen. So eine Anschaffung kostet kaum mehr als ein guter Anzug ab Stange.

Selbstverständlich wird der Herr Krawatte tragen, schliesslich will man sich später nicht immer erklären müssen, wenn man die Hochzeitsfotos studiert. Und zwar einen normalen Schlips, eine Ascot- oder Schalkrawatte, manchmal auch eine Gavroche, aber bitte keinen dieser pompös breiten Plastron-Bastarde, die man den Männern in vielen Hochzeitsgeschäften um den Hals bindet. Tabu sind auch dunkle Hemden. Ein weisses Hemd ist zu einer Hochzeit auch für die Gäste fein, festlich und richtig. Es ist sogar fast das einzige Hemd, das passt, denn hellblau sähe zu sehr nach Business aus.

5.4 IST ES SCHICKLICH, IM SMOKING ZU HEIRATEN?

Man muss den Herren, so ihre Hochzeit am Nachmittag stattfindet, in aller Entschiedenheit vom Smoking abraten. Denn den trägt man nur nach Sonnenuntergang, nie bei Tageslicht. Wenn eine Hochzeit gegen den späteren Mittag stattfindet, könnte man vielleicht ein Auge zudrücken, aber am Vormittag wäre dieser Abendanzug ein totaler Fauxpas. Dann sollte man den Morning Coat tragen (Cutaway mit Weste) oder einen dunklen Anzug.

Abends und zum grossen Fest ist der Smoking aber top, und dann gehört alles dazu, also ein Kummerbund und eine Fliege aus schwarzer Seide (keine Farben) sowie ein glattes weisses Einstecktuch. Am Hemd (mit verdeckter Knopfleiste) trägt man Manschettenknöpfe, und: auch die hochglanzpolierten schwarzen Schuhe nicht vergessen!

5.5 DARF ICH ALS GAST IN EINEM SCHWARZEN, LANGEN KLEID ZUR HOCHZEIT KOMMEN?

Nach alter Väter Sitte ging Schwarz zur Hochzeit nicht, weil Schwarz mit Todesfällen assoziiert wurde. Das ist aber aus heutiger Sicht, wo Schwarz auch in der Tages- und Businessgarderobe üblich ist, ein eher ältlicher Zopf. Ein schönes schwarzes Kleid ist (abends) oft viel eleganter und moderner als alle diese schrecklich süssen Beeren- oder morbiden Blautöne, die für festliche Roben oft verwendet werden. Wer also den Nerv dafür hat, trägt in der Kirche etwas Farbiges, aber setzt für den Abend auf Schwarz. Wer trotzdem etwas Farbe in der Reserve haben will, der kombiniert ein buntes Oversize-Foulard dazu.

5.6 WIE LAUTEN DIE WICHTIGSTEN DRESSCODES?

White Tie ist die Königsklasse des Abendanzugs und erfordert vom Mann einen dunklen Frack mit Schössen, der zu einer aus dem gleichen Stoff geschnittenen Hose mit doppelten Satinstreifen und Lackpumps getragen wird. Darunter trägt man ein Hemd mit Vatermörderkragen, Doppelmanschette und verdeckter Knopfleiste, eine weisse, selbst gebundene Pikee-Fliege und eine weisse Weste. Damen begleiten den Herrn in grosser, bodenlanger Abendrobe, niemals aber in Hosen oder Kostüm. Opulenter Echtschmuck ist de rigeur.

Black Tie schreibt für den Herrn einen Smoking mit schwarzer Fliege vor, nicht etwa mit Krawatte. Zum Smoking gehören schwarze, geschnürte Lackschuhe. Dazu kommen ein Hemd mit Umlegekragen, verdeckter Knopfleiste und Doppelmanschetten sowie eine selbst gebundene schwarze Fliege. Bunte Fliegen sind falsch. Der Kummerbund ersetzt den Gürtel. Die Dame trägt bei dieser Gelegenheit ein langes Abendkleid, aber etwas dezenteren Schmuck.

Black Tie Optional suggeriert die freie Wahl zwischen Smoking mit schwarzer Fliege und dem dunklen Anzug mit Krawatte. Bunte Fliegen sind unangebracht. Man kann auch den Smoking zum geöffneten Hemd ohne Fliege tragen. Damen tragen Cocktailkleider, lange Abendkleider oder festliche Kostüme, eventuell auch einen Smoking für Damen.

Morning Coat steht für den klassischen englischen Tageshochzeitsanzug, bestehend aus dem im Rücken länger geschnittenen Cutaway, gestreifter Hose, cremefarbener Weste und Plastron-Krawatte. Damen erscheinen vorzugsweise im Kleid, aber niemals in Weiss und bevorzugt auch nicht ganz in Schwarz.

Tenue de ville erfordert den dunklen Stadtanzug, den man auch im Büro tragen könnte. Dazu trägt man eine dunkle Krawatte und relativ schlichte Schnürschuhe mit Ledersohle. Dieser Dresscode wird auch «Cocktail», «Cravate noire» oder «Business Attire» genannt. Damen entscheiden sich fürs Cocktailkleid oder eine elegante Kostümkombination. Achtung: Bei Abendeinladungen bedeutet «Formal» sogar Smoking, also Black Tie.

Smart Casual heisst, wenn möglich bei Hemd und Sakko zu bleiben, jedoch ohne Krawatte. Ein Anzug wäre zu bemüht, besser ist eine Kombination aus Veston und Hose oder allenfalls ein legerer Freizeitanzug. Statt Hemd kommen auch Poloshirts oder Pullover infrage. Loafers, Mokassins oder Slippers ersetzen den formellen Schnürschuh.

Come as you are bedeutet, dass man so zum Fest erscheint, wie man das Büro nach Arbeitsschluss verlässt: korrekt angezogen, in Anzug oder Kombination von Hose und Veston, mit Krawatte oder aufgeknöpftem Hemd.

Casual steht für ein ungezwungenes Outfit, etwa Chinos, ordentliche Jeans, Kaschmirpullover, Poloshirts oder Blazer. Wird casual zu formellen Anlässen eingeladen (wie zum Beispiel einer Hochzeit), so ist ein lässig interpretierter Anzug angebracht. Sporty Casual verlangt einen Outdoor-Look mit Cord, Tweed, Jeans oder Baumwollhosen.

Elegante Menschen lassen sich in der Wahl ihrer Garderobe von der Tageszeit lenken. Ein Termin am Morgen oder Nachmittag verlangt nach anderer Kleidung als ein Drink oder Cocktail am Abend. Veranstaltungen in den Abendstunden werden immer eleganter interpretiert. Wer unsicher ist, zieht sich stets besser ein wenig feiner an, als man erwarten dürfte.

5.7 IST ES OKAY, FREUNDE ZUM HOCHZEITSFEST EINZULADEN, SIE ABER ZUM MITBRINGEN EINES SALATES ODER DESSERTS AUFZUFORDERN?

Eine Do-it-yourself-Hochzeit ist nun wirklich etwas vom kreativsten, was einem im Zeitalter des Selfdesigns so einfallen kann. Wahrscheinlich nähen die Gäste alle zusammen noch am Tag vorher das Kleid der Braut und gehen dann zusammen am Strassenrand ein Brautsträusschen pflücken. Und schliesslich per Autostopp in eine öffentliche Grünzone, um das in Tupperware-Behältern selbst mitgebrachte Festessen zu verzehren. Auf so etwas muss man erst kommen. Also, ganz im Ernst: Den Geizhals, der sogar am Tag seiner Hochzeit spart, sollte man besser alleine feiern lassen.

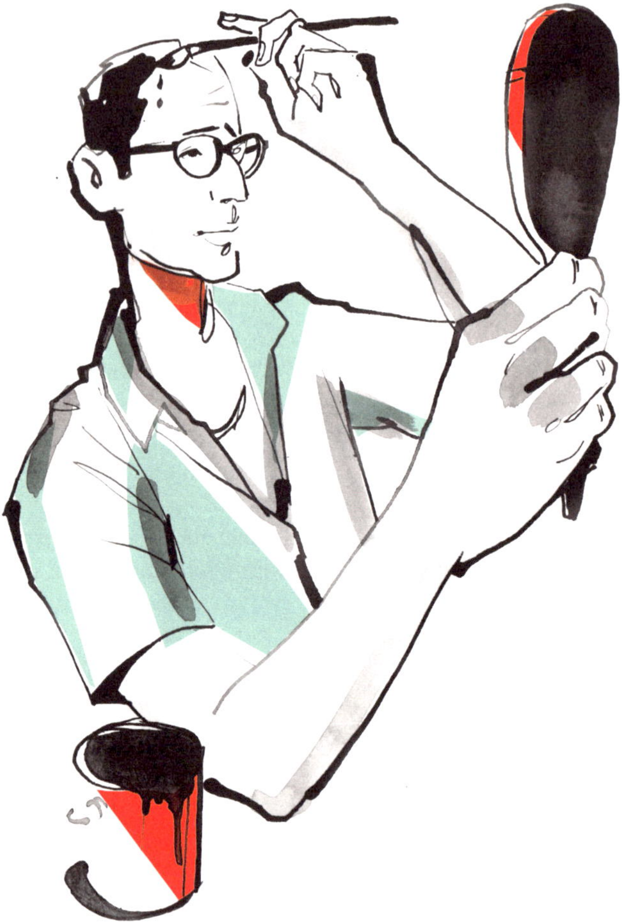

6. **SCHÖNHEIT**

Was nützt einem der schönste Anzug, wenn man nicht fit, nicht in Form und sonstwie unvorteilhaft geschaffen ist? Kein noch so exklusives Etikett dieser Welt hilft über einen Mangel an physischer Spannkraft und Schönheit hinweg. Es muss also für Menschen, denen Stil und modischer Ausdruck am Herzen liegen, ebenso ein tägliches Anliegen sein, sich, ihren Körper und ihre natürlichen Assets in Schuss zu halten. Ein bisschen Sport ist unumgänglich, will man die zweite Hälfte des zu erwartenden Lebens nicht in der Form eines Kartoffelsacks bestreiten. Und ein bisschen Schummeln ist auch erlaubt, schliesslich baut darauf eine milliardenschwere Industrie.

6.1 DARF EINE FRAU SICH ÖFFENTLICH DIE LIPPEN NACHZIEHEN?

In der Werbung sieht es ja oft recht erotisch aus, wenn sich eine Frau die Lippen nachzieht. In der einen Hand ein Spiegelchen, ein halb geöffneter Mund, volle Lippen und ein Stift, der perfekt die Konturen akzentuiert. Kinderleicht, es funktioniert sogar im Rückspiegel des Autos. Die Realität ist allerdings eine andere: Oft wird der Lippenstift in aller Eile aus dem Täschchen geklaubt und ohne einen Blick in den Spiegel aufgetragen, aufs Geratewohl. Danach haben nicht nur die bemalten Lippen lustige Konturen, sondern auch die verwendeten Lippenstifte absonderliche Formen: vorne flach wie ein Baumstumpf, manche aber auch spitz wie ein Minarett-Türmchen.

Die traditionelle Haltung, sich für solch (halb)intime Tätigkeiten vorübergehend aus den Augen der Öffentlichkeit zu begeben, ist deshalb lobenswert. Das Nachziehen der Lippen erfolgt am besten nicht schon beim Nachtisch, sondern in den Waschräumen, wo man sich der Sache mit aller Gelassenheit widmen kann und so auch ein besseres Resultat erzielt. Ein Konturenstift verhindert, dass die aufgetragene Farbe an den Lippenrändern schon nach wenigen Minuten franst wie ein unversäuberter Saum. Dieser Konturenstift sollte nicht erkennbar dunkler sein als die Lippen, denn das ist extrem unsexy, ja vulgär.

Dennoch gibt es durchaus auch nachvollziehbare Gründe, warum sich eine Frau auch öffentlich zurechtmacht. Frauen, die ihre Lippen vor

Publikum nachziehen, wissen sehr wohl, dass Männer dies irgendwie spannend finden. Das muss der Kick sein – eine Art anonymer Flirt mit dem Publikum. Stil hat es nicht unbedingt, aber es wirkt.

6.2 **SOLL MAN SICH LIFTEN UND GLATTSPRITZEN LASSEN?**

Wie so vieles, was vom Zeitgeist umtänzelt wird, wandelt sich auch die Einstellung bezüglich kosmetisch-plastischer Chirurgie, um den Menschen äusserlich länger frisch zu halten. War man vor wenigen Jahren noch der Meinung, dass sich diese Art des Geldverschleuderns nur Schwerverzweifelte wie Michael Jackson oder Mickey Rourke leisten, so sieht man die Sache nun differenzierter. Gewiss, abschreckende Beispiele für misslungene Eingriffe zeigen einem die People-Illustrierten jede Woche. Und natürlich muss es auch heute noch möglich sein, würdevoll älter zu werden. Dennoch gibt es inzwischen ein gewisses Argumentationsspektrum, innerhalb dessen man sich mit kosmetischer Optimierung der Hülle auseinandersetzen kann.

Auch nur halbwegs gewiefte Dermatologen verdienen sich heute ihr Geld nicht mehr mit kassenpflichtigen Geschlechtskrankheiten und Melanomen, sondern bevorzugt mit kosmetischen Eingriffen am lebenden Objekt. Falten wegspritzen, schwuppdiwupp, keiner hats gesehen, aber jeder wirds irgendwie doch merken, wunderbar. Botox ist heute bis in die Dörfer vorgedrungen und heilt dort die unmittelbaren Verwundungen des Alterns. Über die Langzeitfolgen dieses Nervengifts wollen wir besser nicht nachdenken.

Wem es denkbar scheint, damit neues Selbstvertrauen und neue Lebenslust zu gewinnen, soll sich also liften lassen. Bitte einfach nicht so glatt, dass man aussieht, als sei man eben aus dem Porsche-Windkanal zurück. Auch Fett absaugen soll in Ordnung gehen, wenn es mit Disziplin und guter Ernährung wirklich nicht geht! Sich Brüste einpflanzen und Penisse verlängern lassen, ist jedoch schon sehr denkwürdig. Denn ist es nicht besser, dem Organismus etwas abzuzwacken, statt ihm neue, fremde Dinge hinzuzufügen?

6.3 MÜSSEN SICH AUCH FRAUEN UM EIN SIXPACK BEMÜHEN?

Man schaue sich den Muskelbauch von Madonna um 2005 an: Die Popdiva rackerte sich in Pilates-, Yoga- und Fitnesscentern ab, bis sie aussah wie die kleine Schwester des Hulk. Doch war es auch schön? Nicht wirklich. Der Bauch einer Frau soll vielmehr so sein, wie sonst leider vor allem Männerbäuche sind: ein bisschen weich, etwas rund, lieblich, sinnlich und lustorientiert. So wie ihn Künstler über Jahrhunderte malten. Ein Bauch, der zeigt, dass eine Frau eine genussorientierte, sündige, lustvolle Seite hat. Ein zu flacher Bauch erzählt die Geschichte von Verzicht und Selbstkasteiung, Magermilch und wässrigen Salat-Lunches. Das sind nicht die Dinge, die ein Mann an einer Frau schätzt.

6.4 DARF MAN SICH DIE HAARE FÄRBEN?

Man erinnere sich an den deutschen Exbundeskanzler Gerhard Schröder: Was war das für ein Uh-la-la und Ach-je, als der Mann eines Tages plötzlich mit deutlich dunklerem Schopf vor die Kameras trat. Es schien eindeutig: Schröder hatte, auch wenn er dementierte und sogar ein Verbot zur Verbreitung dieser These erwirkte, die Haare gefärbt. Doch Gerhard Schröder wusste wohl: Männer mit gefärbten Haaren gehen gar nicht. Deswegen konnte er es nicht zugeben.

Das Haarfärbeverbot gilt sowohl für lustige Kiddie-Strähnchen wie für schwarz gefärbte Schawinski-Locken. Man darf einem Mann nie ansehen, dass er Kunstgriffe benötigt hat, um seine Erscheinung aufzumotzen. Das ist, wie wenn man sich einen 2 Meter breiten Spoiler ans Heck schraubt. Wenn ein Mann grau wird, so muss er diese Tatsache mit Würde tragen. Nur so kann er seine Autorität wahren.

Natürlich ist auch eine Frau, deren Schopf in Würde ergraut ist, eine Wucht. Wenn sie es schafft, diese Veränderung mit Stolz und Nonchalance zu akzeptieren, gehört sie zu den grössten Stilprofis. Dennoch ist es, anders als bei den Männern, keine Sünde, dem Friseur den Auftrag zu geben, dem Schopf etwas mehr Pep zu geben. Allerdings braucht es ein gewisses Augenmass.

Platinblond steht nur ganz wenigen Frauen – es hat etwas Affektiertes. Bunte Strähnchen und geschecktes Haupthaar im Stil eines bengalischen Tigers waren schon in den 1980er-Jahren grässlich. Dasselbe gilt für pechschwarzes Haar: Seit Joan Jett hat niemand diesen Look mehr überzeugend hingekriegt. Schlimmer noch: An mitteleuropäischen Frauen sieht Schwarz altmodisch aus.

6.5 KANN DAS PARFÜMIEREN VON KLEIDUNG EMPFOHLEN WERDEN?

Es ist auf jeden Fall besser, seine Duftmarken am Körper zu setzen, und nicht auf die Kleidung. Denn erst auf der Haut entfaltet sich ein Parfum zu seiner ganzen Dimension. Geeignet sind gut durchblutete Stellen des Körpers, wo man den Puls spürt. Üblicherweise besprüht bzw. benetzt man den Hals, das Dekolleté und die Handgelenke, die Schultern und den Nacken. Es gibt auch Fachleute, die behaupten, man solle die Haare parfümieren, weil sich die Duftstoffe darüber besser verteilen. Coco Chanel sagte einst, man solle sich dort mit Parfüm benetzen, wo man geküsst werden möchte.

6.6 WIE KANN ICH JEMANDEN DISKRET AUF SCHLECHTEN ATEM HINWEISEN?

Mundgeruch gehört auch in unserer Zeit, die nur scheinbar keine Schranken mehr kennt, noch immer zu den grossen Tabuthemen. Wie sag ichs dem Bürokollegen, dass er wie eine Leichenhalle aus dem Mund riecht? Dass er bitte auf keinen Fall mehr in meine Richtung sprechen soll? Wie macht man dem Chef plausibel, er möge doch wieder mal zum Zahnarzt gehen oder eine Kieferhöhlenuntersuchung machen? Eine delikate Sache, der viele Menschen leider lieber aus dem Weg gehen.

Dabei geht es nicht um den zeitlich beschränkten und auch identifizierbaren Knoblauch-Mundgeruch nach dem Verzehr von Spaghetti Aglio e Olio. Oder um Thunfisch mit Zwiebeln, die sich ein Weilchen pikant bemerkbar machen. Es geht um tief aus der Kehle kommenden und lange anhaltenden Muff, der nach körperlichem Zerfall riecht. Die meisten Menschen versuchen wohl in so einer Situation, ihrem Gegenüber Kaugummi anzubieten oder eine Weile nicht durch die Nase zu atmen.

Doch irgendwann muss es raus. Gerade bei Personen, die einem nahestehen, ist man moralisch verpflichtet, das Problem anzusprechen. Meistens weiss der Betroffene nichts von seinem schlechten Atem. Bei Bürokollegen oder entfernteren Bekannten ist es daher am besten, wenn man das Problem einmal in einem grösseren Zusammenhang zum Thema macht und eine lockere Kaffeepausen-Diskussion über Dentalhygiene und ayurvedische Zungenreinigungs-Rituale anzettelt. Dabei kann man ganz beiläufig einstreuen, dass die Forschung inzwischen mit dem Verzehr von Nature-Joghurt und dem regelmässigen Einsatz von Mundraum-Massagebürsten gute Lösungen bereithält. So über das Thema diskutierend, kann man dann ganz locker anfügen: «Solltest du übrigens auch einmal versuchen.» Peng!, und der gefürchtete Schuss ist raus.

Wem das zu heiss ist, dem bleiben noch zwei Optionen: Man schenke dem Stinker einen Zungenschaber, mit dem man sich die für den Geruch mitverantwortlichen Beläge vom Sprach- und Geschmacksorgan entfernen kann. Oder man geht auf einschlägige Mundgeruch-Websites und sendet von dort aus eine anonyme E-Mail an das Zielobjekt. Diskreter gehts wirklich nicht.

6.7 WIE WEISS SOLLEN DIE ZÄHNE SEIN?

Im Grunde ist es ja lächerlich, wenn auch 70-Jährige noch ein Lächeln haben, das einen blendet. Normalerweise haben Zähne in diesem Alter schon etwas Farbe angenommen, und das hat in den letzten Jahrtausenden der Menschheitsgeschichte auch noch niemanden gestört. Doch heute lässt Hollywood die grellweissen Zähne blecken, und kaum ein Star in den bunten Blättern dieser Welt hat nicht verblüffend weisse, ja geradezu gleissende Zähne. Das Gebiss, so vermitteln uns diese Aufnahmen, ist eines der wichtigsten Statussymbole der Jetztzeit. Dental Bleaching ist das Boom-Thema der Zahnbranche und beschert den Fachärzten ganz neue Einnahmequellen.

Hat man sich erst einmal an die Idee gewöhnt, dass die Zähne mit wenig Aufwand weisser sein könnten, ist es schwer, diesen Gedanken wieder abzuschütteln. Denn neu ist es nicht, dentalästhetische Massnahmen zu ergreifen. Die Zahnmedizin spielt schon seit Jahrzehnten mit Schönheitsvorstellungen. Eine Zahnspange trägt man nicht nur, damit man später besser zubeissen kann, sondern um eines Tages ein weniger schiefes Gebiss vorzeigen zu können. Also ist ein dezentes Bleaching durchaus etwas, das man als stilbewusster Zeitgenosse erwägen kann.

Aber: Do-it-yourself-Lösungen sind keine gute Idee. Und man soll bei diesem Thema eine gewisse Dezenz an den Tag legen. Ein leichtes Aufhellen der vorderen Zahnreihen wirkt aber so, als hätte man das Licht angeknipst: Man sieht freundlicher und frischer aus. Und dagegen ist aus stilistischer Sicht ebenso wenig einzuwenden wie gegen einen leicht gebräunten Teint.

6.8 WELCHE KÖRPERHAARE SIND FÜR FRAUEN NICHT SCHICKLICH, UND WESHALB?

Es wurde in den letzten Jahren viel darüber diskutiert, ob die zunehmende Tendenz hin zur Ganzkörperrasur etwas mit der in der Gesellschaft heute weit verbreiteten Ästhetik der Pornografie zu tun hat oder die Komplettenthaarung die logische Konsequenz aus Jahrtausenden menschlicher Evolution ist. Wie auch immer man es sieht: Das weibliche Schönheitsideal unserer Zeit ist, vom Kopf abgesehen, weitgehend haarlos. Und eine Tatsache ist auch, dass viele Menschen, gerade die Amerikaner!, Haare an gewissen Körperstellen geradezu obszön finden, etwa unter den Achselhöhlen. Aufgeregt publizieren die Gazetten dort unscharfe, womöglich mit Photoshop «nachbehaarte» Fotos von Hollywoodstars, die sich für einen Tag am Strand nicht komplett glattgewaxt haben.

Der Crashkurs Körperenthaarung für Anfänger sähe etwa so aus: Beine und Achseln gehören möglichst enthaart, am besten mit Wachsstreifen, denn das Ausreissen der Härchen hält länger als das Abrasieren, ausserdem wird die Haut weniger irritiert. Feiner Flaum auf Unterarmen ist süss, wer dort aber dunkleres Haar trägt, möge es mit einem Sonnenbad oder mit sanfter Chemie etwas aufhellen. Ebenso sollten Frauen, die eine Tendenz zum Damenoberlippenbart bemerken, zu Bleichmitteln, aber nicht zur Klinge greifen, denn dann spriesst das Haar erst recht.

Wie man sich im Intimbereich frisiert, soll Geschmackssache bleiben – das Wäldchen ab und zu etwas in Form zu bringen ist sicher nicht falsch, aber eine Totalrodung ist keinesfalls notwendig.

6.9 SIND HORNBRILLEN NUN CHIC ODER ALTMODISCH?

Man hat in den letzten Jahren immer mehr Hornbrillen gesehen – also Modelle, die früher nur Computerfreaks oder Streber anhatten und die auch Krankenkassen-Gestelle genannt werden. Anfangs waren es nur die jungen Trendsetter und Szenefrauen, also Mode- und Kunststudentinnen oder Stylistinnen und It-Girls, doch heute sind es vermehrt auch die kaufmännischen Lehrtöchter oder Jus-Studentinnen, die den Optikern die Tür für eine dicke Brille einrennen. Sie tun es, weil Superstars wie Rihanna, Scarlett Johansson und Kate Blanchett diese grossen Nerd-Brillen tragen. Die Fotos dieser Stilvorbilder, über Internet-Blogs und Celebrity-Postillen multipliziert, inspirieren andere junge Frauen, eine dicke Brille zu tragen, die ihrem Look einen bewussten Dreh ins Absurde gibt.

So richtig absurd ist allerdings, dass manche Menschen diese Brillen tragen, obwohl sie keinerlei Sehfehler haben, ihr Fensterglas hat keine korrigierende Funktion. Die grosse Brille ist auch eine Art ästhetischer Machtdemonstration von denen, die sowieso schon wissen, dass sie gut aussehen. Anders gesagt: Man muss schon ein intaktes Selbstvertrauen haben, um sich so etwas auf die Nase zu setzen. Dann aber kann der fröhliche Retro-Modegag mit Wucht seine Wirkung entfalten.

Menschen mit differenziertem Stilempfinden haben Brillen für verschiedene Lebenssituationen griffbereit: eine dicke Freak-Brille für den samstäglichen Shopping-Spaziergang auf dem Laufsteg der Eitelkeiten; eine leichte, vielleicht randlose Brille für schlichte Business-Outfits und Auftritte, die Neutralität erfordern, und eine Sportbrille fürs Weekend oder Jogging.

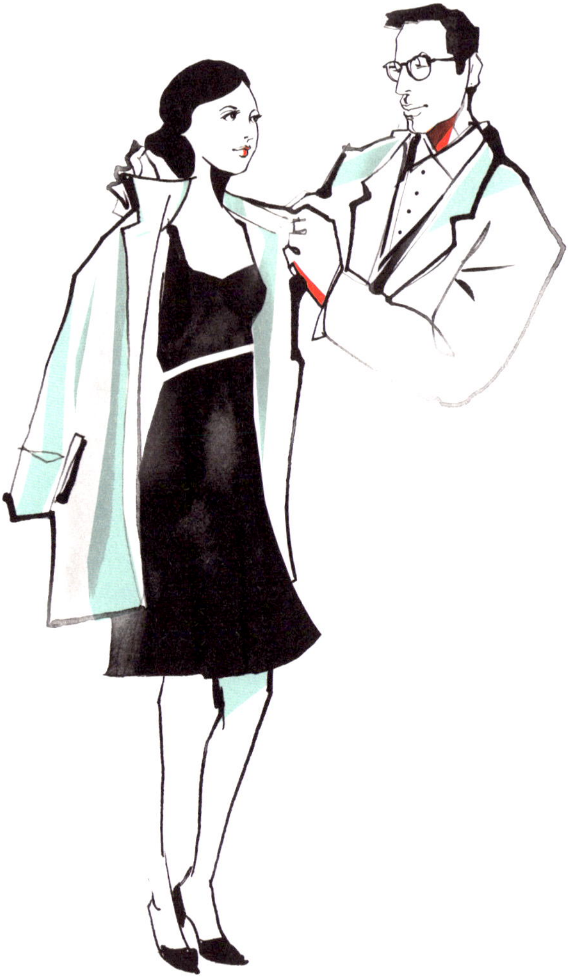

7. VOM UMGANG MIT MENSCHEN

Die sich eher an Moden und äusserlichen Merkmalen des Menschen orientierenden bisherigen Kapitel dieses Buches nützen nichts, wenn einer ein Rüpel ist. Ein anstandsloser Parvenü kann seinen Mangel an Respekt und Etikette auch im Designeranzug nicht tarnen. Gute Manieren sind ohne Zweifel die wichtigste Visitenkarte des Menschen und sind folglich mehr wert als jedes Label.

War eine gewisse Erziehung in Sachen Manieren und Comment früher noch Teil der schulischen Grundausbildung, so wird heute – leider! – kaum noch irgendwo Stil und Anstand vermittelt. Nur Eliteschulen, traditionsreiche renommierte Universitäten und private Klubs halten an gewissen Regeln und Gepflogenheiten fest, die vielen Menschen deshalb als Altlasten aus einer vergangenen Zeit erscheinen. Dabei gilt auch heute noch: «It's the manners that make a man» – es sind die Manieren, die einen Menschen auszeichnen.

7.1 HABEN HANDKÜSSE NOCH EINEN PLATZ IN UNSERER GESELLSCHAFT?

Der schöne Handkuss, man sieht ihn leider kaum noch – nur überall schnödes, standardisiertes Dreifachgeküsse. Im Grunde ist das jammerschade. Wer also den Nerv und die Grösse dazu hat, diese Tradition wieder aufleben zu lassen, der möge mit gutem Beispiel voranschreiten. Der Handkuss ist von angenehm distanzierter Intimität. Die (verblüfften) Damen achten Herren, die diese Geste beherrschen, normalerweise hoch, und nicht nur jene, die einen Hut tragen oder sich aus aristokratischer Pose zu fein dafür sind, sich von jedem im Gesicht abschmatzen zu lassen.

7.2 KANN MAN RITUALISIERTE BEGRÜSSUNGSKÜSSE AUSSCHLAGEN UND STATTDESSEN EINFACH DIE HAND REICHEN?

Man sollte im Leben nichts tun müssen, was einem zuwider ist. Deshalb verzichte jeder, den es anwidert, auf das im Grunde seltsame Ritual des dreimal in die Luft Küssens und strecke stattdessen die Hand aus. Dazu lächle man herzlich und sage etwas Nettes – aber man lasse nicht an sich zerren, um abgeküsst zu werden. Das individuelle Umfeld wird sich innert Monatsfrist daran gewöhnen, und wer weiss, vielleicht setzt man ja eine kleine Kulturrevolution in Gang. Denn vielen Menschen ist das Standardküsschen zuwider.

7.3 AB WELCHEM ALTER SOLLTEN SICH MÄNNER NICHT MEHR MIT HIGH FIVE BEGRÜSSEN?

High Five ist kein Pokerspiel und keine besonders riskante Börsenstrategie, sondern eine unter Jugendlichen übliche und auch unter erwachsenen Männern nicht gänzlich ausgestorbene Art, sich die erhobenen Hände in der Luft abzuklatschen. Man sieht es auch bei Fussballspielern oft, wenn sie ein Tor geschossen haben. Für einen Menschen, der seinen Arbeitsalltag statt in kurzen Hosen aber in Anzug und Krawatte bestreitet, steht dieses High Five, auch Gimme Five genannt, in schroffem Kontrast zum Lebensstil.

High Five, Gimme Five und die kumpelhafte Begrüssung mit vor der Brust zusammengeschlagenen Händen, also mit nach oben zeigenden Daumen, sind nur für Knaben und Jungs im narrenfreien Alter, also bis höchstens 18 Jahre, zulässig. So begrüssen sich keine gestandenen Männer in seriösen Berufen oder sozial sensiblen Positionen. Hier ist der klassische, feste Händedruck mit einem aufrechten Blick in die Augen des Gegenübers vorzuziehen.

7.4 WANN WECHSELT MAN VOM SIE AUFS DU?

Es gibt ein Genre von sich an Jugendliche richtenden Magazinen, welche die penetrante Masche haben, ihre Leser zu duzen. Auch in Fitnesscentern geht man oft ganz selbstverständlich davon aus, dass jeder mit dem anderen per Du sein will. Dabei hat dieses Du, mit dem alles auf ein Durchschnittsniveau egalisiert wird, etwas Grobes – so wie man vom Sie ins Du wechselt, wenn es gilt, wildfremde Menschen im Affekt abzukanzeln. Etwas anders verhält es sich mit der Alpinisten-

Duzerei – wer sich über 4000 Meter einen Berg hinaufgerackert hat, steht auch im wörtlichen Sinne über dem Verdacht, das Du nur aus niederen Gründen zu wählen.

Sonst gilt: Grundsätzlich ist jedes Individuum über 18 Jahre zu siezen, solange sich nicht persönliche Situationen oder Notwendigkeiten ergeben haben, auf das Du zu wechseln. Gut ist aber auch der kreative Umgang mit dem Sie, etwa, indem man sein Gegenüber zwar mit Vornamen, gleichzeitig aber mit Sie anspricht, also: «Angelika, möchten Sie noch ein Glas Champagner?». Dies hat etwas Freundliches und angenehm Distanziertes. In Situationen, wo man im gesellschaftlichen Rahmen genötigt wurde, ins Du zu fallen, ist es auch möglich, ab einem frei wählbaren Zeitpunkt ins Siezen zurückzuwechseln.

7.5 WIE SCHLÄGT MAN EINEM ANDEREN MENSCHEN DAS DU AB?

Sich duzen tut man, weil einen gewisse Dinge im Leben auf emotionaler Ebene verbinden – oder weil man täglich miteinander zu tun hat. Aber nicht, weil man sich hin und wieder zufällig irgendwo trifft! Man kann mit anderen Menschen lange Jahre per Sie sein und trotzdem eine gute, freundschaftliche Beziehung pflegen. Manchmal schafft das förmliche Siezen sogar eine wohltuende Extraportion zwischenmenschlicher Spannung. Und oft tut gerade im geschäftlichen Kontakt, wo es um mehr als freundliche Kumpanei geht, etwas Distanz und Förmlichkeit sehr gut. Es ist also weder unhöflich noch kaltherzig, ein angebotenes Du abzuweisen, solange man es mit Charme und Nachsicht tut. Um eventuelle Bitterkeit des Gegenübers zu lindern, mag man allenfalls in Aussicht stellen, das Du bei späterer Gelegenheit nachzuholen.

7.6 WORÜBER PLAUDERT MAN AM BESTEN IN DER SAUNA?

Ein skandinavisches Schwitzbad ist für viele Menschen ein geliebter Exkurs vom stressigen Alltag. Unbestritten sind die günstigen Einflüsse auf die Selbstreinigung der Haut, die Stärkung des Kreislaufs und die Psychohygiene. Wer sich als Neuling in die Sauna begibt, der fühlt sich aber erst einmal unsicher: Wie bewegt man sich, wie setzt man sich hin, wie drapiert man sein Tuch, wann ist Zeit für einen Aufguss? Darf man andere ansprechen, oder gerät man so in den Verdacht, die Situation für ungebührliche Ziele ausnutzen zu wollen?

Natürlich betritt man eine Sauna immer gänzlich nackt, Ende der Diskussion. Mit einem Badekleid zu schwitzen, ist etwa so, als würde man mit einer Sonnenbrille ins Kino gehen. Einmal in der Kabine, bewegt man sich deutlich langsamer als im Alltag, schliesslich soll hier auch die Hektik des Alltags abfallen. Hereinstürmen und sich hastig hinsetzen ist unpassend. Allzu lässiges Herumstolzieren und Präsentieren nackter Tatsachen soll allerdings auch vermieden werden. Das Hinsetzen erfolgt in gebührendem Abstand zu sich bereits in der Sauna befindenden anderen Personen – als Unterlage dient ein grosses, frisch gewaschenes Frotteetuch. Menschen, die sich auf nur waschlappengrossen Fetzchen niederlassen, bringen ein Manko an Respekt vor den Mitmenschen mit.

Wenn genügend Platz ist, so möge man sich hinlegen, wenn es eng wird, soll man sich wieder aufsetzen. Während des Schwitzens konzentriert man sich und reduziert seine kommunikativen Triebe. Lautes Plaudern ist nicht angebracht. Wer es nicht lassen kann, soll andere Menschen ansprechen – spürt man aber, dass der andere nicht in Stimmung für einen Schwatz ist, so möge man die Offensive umgehend wieder einstellen. Monologe über Politik sind verpönt. Nach Namen zu fragen, möge man unter der kalten Dusche nachholen.

Was ausserdem rücksichtslos ist: Schniefen, überlanges Wettschwitzen unter Gruppen junger Männer, Berührungen unter Paaren, wenn andere Menschen zugegen sind, geräuschvolles Abstreifen des Schweisses, Grunzen, Stöhnen oder übertrieben schweres Atmen. Denn wer nicht ganz gelassen und beschwerdefrei schwitzen kann, der soll es sein lassen. Und wer einen Aufguss machen will, der fragt erst die Runde, ob es Zeit für eine neuerliche Befeuchtung der Steine ist, bevor er zur Kelle greift.

7.7 WIE GEHT MAN CHIC INS FITNESSSTUDIO?

Es ist bekannt, dass Kraftstudios heute nicht mehr zum ausschliesslichen Tummelfeld von muskelverrückten Hobby-Schwarzeneggers gehören. Sie sind für breite Bevölkerungsschichten so alltäglich wie E-Banking oder Shopping. Doch obwohl die Zentren zur Leibesertüchtigung für viele Menschen inzwischen durchaus auch die Qualität eines sozialen Treffpunkts haben, gibt es noch immer eine beachtliche Anzahl Menschen, die diesen Aktivitäten in einer Aufmachung nachgeht, die Mitbürger mit auch nur halbwegs ausgebildetem ästhetischem Empfinden in schwere Trübsal stürzt. Gängig sind Elemente abgelegter Freizeitgarderobe wie verwaschene Shorts und ärmellose Leibchen, begleitet von notdürftig auf Indoor-Tüchtigkeit gebürsteten Turnschuhen. Die Palette wird abgerundet von der verblassten Socke, dem zerknitterten «Hard Rock Café»-Shirt und der ausgebeulten Trainerhose.

Gute, nicht zu martialische Turnschuhe sind das Fundament. Sie werden nur zum Fitness, nie aber auch beim Waldlauf getragen. Eine lange Hose, ob eng anliegend oder körpernah geschnitten, bekleidet das Bein, und zwar vollständig. Der schwitzende Körper braucht nicht unnötig mit den Geräten in Kontakt gebracht zu werden. Das Shirt kann kurze oder lange Ärmel haben, Bauchfreimodelle sind aber unangemessen. Alles soll aus modernen technischen Materialien gefertigt und nicht allzu bunt sein. Und: Jedes Element dieser Garderobe wird nach dem Training gewaschen. Denn was noch weniger geht als hässlich angezogene Fitnesstreibende sind solche, deren Kleider übel riechen.

7.8 SOLL MAN SEIN GEGENÜBER DARAUF HINWEISEN, WENN DER HOSENLATZ OFFEN STEHT?

In der Öffentlichkeit schaut man am besten diskret weg, bevor das Malheur grössere Dimensionen annimmt. Aber wenn ein Bekannter, Bürokollege, Freund oder sonstwie halbwegs Vertrauter seinen Hosenstall versehentlich offen lässt, oder der gegenüber sitzende Passagier in der S-Bahn, dann sollte man ihn darauf hinweisen. Diskret und mit Humor, aber unmissverständlich. Ist kein Skandal, kann ja jedem einmal passieren. Am besten geschieht dies ohne Worte, mit einer kleinen und diskreten Handbewegung, die dem Hochziehen des Reissverschlusses nachempfunden ist. Das versteht jeder Mann instinktiv.

7.9 IST ES WICHTIG, STETS VISITENKARTEN DABEI ZU HABEN?

Die Asiaten, die uns ja nun langsam in allen Lebensbereichen ein- und überholen, nehmen das Ritual des Visitenkartentauschens sehr ernst. Die Kärtchen werden, mit beiden Händen gehalten, dem Gegenüber mit einer angedeuteten Verbeugung überreicht und dann ausführlich und anerkennend studiert. Solches trifft man bei uns selten – hier hat das Tauschen von Visitenkarten etwas Beiläufiges.

Darf man eine Visitenkarte einfordern? Natürlich nicht. Die Frage nach dem Stück bedrucktem Halbkarton ist eine Unnötigkeit, weil man sie a) umschiffen kann und b) ein zivilisierter Mensch merkt, wann es angemessen ist, seinem Gegenüber eine Karte in die Hand zu drücken. Umschifft wird die Frage, indem man selbst handelt und eine Karte anbietet. Es versteht sich von selbst, dass der andere dann etwas zurückgibt. Die Karte nur entgegennehmen ist unhöflich.

Es ist aber nicht nötig, einem Gegenüber, mit dem man nicht sofort in Umgang zu treten gedenkt, seine gesammelten Daten zu übergeben. Erst wenn eine gewisse berufliche oder menschliche Nähe die spätere Kontaktaufnahme wahrscheinlich werden lässt, soll man Karten tauschen. Gut ist es auch, verschiedene Karten zu haben: eine mit maximalen und eine mit minimalen Angaben, dazu eine für private Zwecke. Wem dies zu teuer ist, dem empfehlen wir die Blankovisitenkarten: Man kann sie selbst ausfüllen und notfalls Koordinaten frei erfinden, falls man von jemandem zum Tausch aufgefordert wird, den man nicht wieder sehen möchte.

7.10 SOLL MAN SICH IN SEINER KORRESPONDENZ ALS CEO, CFO, COO ODER BESSER ALTMODISCH ALS GESCHÄFTSFÜHRER, FINANZCHEF ODER BETRIEBSLEITER BEZEICHNEN?

Es hat sich heute – leider! – auch in gutbürgerlichen Handwerksbetrieben mittlerer Grösse bereits durchgesetzt, in den Hierarchieformeln internationaler Grosskonzerne zu sprechen. Das dient nicht unbedingt der lokalen Verständlichkeit, wohl aber der internationalen Vernetzung und dem Ego des Einzelnen, der mit diesen klangvollen Kurztiteln um sich schmeisst. Dabei wissen heute noch immer viele Menschen nicht, was genau diese C-Typen alles leisten. Von einem Deputy ganz zu schweigen! Also wäre es doch vernünftiger und feiner, diese Funktionen mit allgemein verständlichen Vokabeln zu benennen. Ausnahmen gelten ab einer gewissen Grösse von Unternehmen bzw. ab einer gewissen Feinabstufung der Funktionen, die sich nicht mehr in klassischen Begriffen beschreiben lassen.

7.11 TUT MAN ES HEUTE NOCH, EINER DAME IN DEN MANTEL HELFEN?

Ein Mann, der sich in gewissen Minimalformen der zwischenmenschlichen Kultur kompetent erachtet, wird immer versuchen, einer Dame in den Mantel zu helfen – immer. Auch wenn der Mantel eine Bikerjacke oder ein Parka ist. Die Damen schätzen diese kleine Handreichung auch heute noch sehr. Es kann jedoch sein, dass die Dame sich durch eine demonstrative Körperhaltung oder schnelles Handeln selbst hilft, und in solchen Fällen soll man sich nicht künstlich darum bemühen, den Galan herauszukehren, weil es dann eher zu unfreiwillig komischen akrobatischen Einlagen kommt.

Nicht weniger geschätzt wird übrigens das Aufhalten von Türen: Diese kleine Höflichkeit lassen Männer übrigens nicht nur den Damen, sondern ganz selbstverständlich auch anderen Herren zuteil werden.

7.12 KANN MAN AUCH ALS ÄLTERES PAAR NOCH HÄNDCHEN HALTEND HERUMSPAZIEREN?

Unbedingt! Sich die Hand zu geben gehört zu den kleinen, aber in den allermeisten Fällen völlig akzeptablen Zärtlichkeiten des Alltags. In jungen Jahren ist es fast ein Aphrodisiakum, in mittleren Jahren ein Zeichen tiefer Verliebtheit und im Herbst des Lebens ist es Ausdruck von unerschütterlicher Nähe und dem Glück, einander gefunden (und behalten) zu haben. Menschen, die solche Details peinlich oder zu persönlich finden, sind kaltherzige Zyniker oder eifersüchtig.

7.13 DARF MAN ALS EHEMANN EINEN NICHT NÄHER BEKANNTEN ANRUFENDEN FRAGEN, WORUM ES GEHT, BEVOR MAN DAS TELEFON DER GATTIN WEITERREICHT?

Man ist in Ehegemeinschaften heute – auf beiden Seiten – dazu übergegangen, sich gewisse Autonomien zuzugestehen, also soll man nicht neugierig herumfragen, wenn ein Unbekannter (oder eine Unbekannte) anruft, sondern den Hörer souverän weitergeben. Besser noch: Wer Stil hat, entfernt sich sogleich ein wenig, um nicht eventuell Teilhaber an einem grösseren Problem zu werden. Handelt es sich beim Anrufenden nämlich eventuell um den Lover, so wird man schon noch früh genug davon erfahren. Meistens dürfte es sich aber in solchen Fällen um einen Versicherungsberater, einen Verkäufer einer Telefongesellschaft oder schlimmstenfalls um den Arzt handeln.

Wer nachfragt, worum es geht, muss vom jeweils anderen explizit dazu legitimiert sein, sei es, um ihm gewisse lästige Dinge vom Leib zu halten oder weil es ausgesprochene Usanz unter Gleichberechtigten ist. Und, in souveränen Beziehungen auch wichtig: nicht in privaten Mails oder SMS des anderen herumwühlen. Man befördert vielleicht nur Dinge zutage, die zu diskutieren sich nicht lohnt.

7.14 MUSS MAN HEUTE NOCH TANZEN KÖNNEN?

Eine hervorragende Sache, das Tanzen! Man beansprucht die ganze Körpermuskulatur und befreit den Geist. Und man gewinnt dabei eine Menge Energie. Eigentlich müsste Tanz in Schulen Pflichtfach und später auch mindestens wöchentliche Leibesübung sein. Statt Reckturnen und Fussball eine Stunde Tanzen, das wäre eine echte Bildungsrevolution! Betrübliche Tatsache ist aber, dass Menschen, die das 30. Altersjahr hinter sich gelassen haben, oft lieber einrosten, statt sich weiter zu Musik zappelnd zu lockern. Wer aufhört zu tanzen, der hört aber auch auf, frei zu sein. «Tanzt, tanzt! – sonst sind wir verloren», sagte schon die grossartige Pina Bausch.

Doch wie tanzen? Soll man, wie es die Männer gerne machen, nur ein bisschen mit in die Hosentaschen gehakten Daumen herumstehen und mit dem Fuss auf den Boden tippen? Oder soll man versuchen, sexy zu wirken und geschulte Schrittfolgen aufs Parkett zu legen? Gar raumgreifende Figuren in die Luft malen? Die Antwort lautet: Es ist ganz egal, Hauptsache, man tanzt. Beim freien Tanzen zu Disco- oder Beatmusik soll man sich selbst sein. Man darf albern oder cool sein, je nachdem, welches Bild man gerne von sich weitergibt. Die einzige Benimmregel ist in diesem Fall, anderen Partygängern nicht mit rudernden Händen die Augen auszustechen, Füsse zu zertrampeln oder Knie zu zerschmettern.

Etwas umständlicher wirds, wenn es um Standard- und Gesellschaftstänze geht. Da ist es natürlich gut, wenn man einmal im Leben eine Grundschulung besucht und die wichtigsten Schrittfolgen gelernt hat, also Walzer, Foxtrott und so. Ein solches Notrepertoire hilft einem mitunter durchaus auch, gesellschaftlich am Ball zu bleiben. Nur bitte nicht übertreiben mit dem Tanz-Know-how: Pärchen, die mit besonders ausgefeilten Rock'n'Roll-Schritten bluffen, sind in der Regel eher ein etwas peinlicher denn ein erfreulicher Anblick.

7.15 WIE FLUCHT MAN MIT STIL?

Sich ab und zu auch unflätig zu artikulieren, gehört selbst bei feinen Herren (und also auch bei Damen!) zum Repertoire der Alltagssprache. Auf die Frage «Schimpfen Sie auch manchmal?», entgegnete der Düsseldorfer Hemdenmacher und Lebemann Ignatious Joseph, der im Übrigen einer der elaboriertesten deutschsprachigen Dandys ist: «Aber natürlich, das muss man doch einfach!».

Etwas misslingt, einer kommt einem frech: Man überlegt nicht lange und wirft Substantive in die Luft, die in der Regel mit der Rumpfrückseite des Menschen und den daraus entspringenden Stoffwechselprodukten zu tun haben. Verständlich, aber nicht eben witzig. Dabei gäbe es doch viel mehr Geistreiches zu sagen, etwa:

- «Halleluja», «Sakrament» und «heiliger Bimbam» – fast vergessene Kraftwortpreziosen aus sakralem Umfeld.

- «100 000 heulende Höllenhunde» – dramatische Klangwolke von Captain Haddock, Compagnon von Tim & Struppi.

- «Fahr zur Hölle» – ein Klassiker, der vor allem Menschen hart trifft, die sich noch Chancen auf einen Logenplatz im Himmel ausgerechnet hatten.

- «Der Blitz soll dich beim Scheissen treffen» – einer der Höhepunkte aus Sergio Leones Kultwestern *Zwei glorreiche Halunken*.

- «Schuft» – eines der zahlreichen nicht mehr gebräuchlichen Schimpfwörter von schlichter Schönheit, das wie «Halunke» leider nicht mehr zum Standard-Jargon gehört

- «Ma che cazzo» – plötzliches Wechseln in eine Fremdsprache verwirrt den Gegner und verschafft wertvollen Vorsprung für den zweiten Schlag.

- «Waren Ihre Eltern Geschwister?» – ein echter DNA-Tiefschlag!

- «Ich mach Gyros aus dir» – kulinarisches Highlight von Comiczeichner Ralf König.

- «Mistfink» – ein vergleichsweise harmloser, aber liebenswerter Begriff aus dem Sprachgebrauch des Comedians Helge Schneider.

Der wichtigste Tipp zum Schluss: Zeigen Sie Contenance, bis es nicht mehr anders geht, und dann gehen Sie in die Offensive! Es ist besser, als Erster derbe Sachen zu sagen, als reagieren zu müssen. Dann fällt einem nämlich meist nix Gescheites ein.

7.16 WIE ÖFFENTLICH KANN JUNGE LIEBE ZUR SCHAU GESTELLT WERDEN?

Wenn Brad Pitt und Angelina Jolie, ihre Geschmacksorgane verschränkend, übereinander herfallen und die Kamera sich, zu dramatischer Musik um das Paar drehend, den triefenden Details dieser Liebesbezeugungen widmet, dann wirds vielen Menschen ungemütlich zumute. Das Beobachten solcher Intimitäten ist irgendwie ungehörig. Dennoch sieht man feuchtfröhliche Knutschereien nicht nur in Produktionen aus Hollywood, sondern durchaus auch im Alltag: auf dem Bahnsteig, vor der Zollkontrolle am Flughafen, auf der Parkbank, im Zug oder an der Bar, überall tauschen Paare minutenlang ihre Mundsäfte aus. Schön für sie – aber ist es auch ein netter Anblick für die anderen?

Man möchte meinen: Allzu intimes Gebaren gehört in die Privaträume – gerade weil heute ja scheinbar alles überall möglich ist. Dort soll man einander so innig küssen, wie man gerne möchte, aber in der Öffentlichkeit sollte man seine Begierde etwas zügeln. Erwachsene Paare, die sich an einem Sonntagmittag an der Uferpromenade auf der Bank praktisch aufeinander setzen, sollte man mit Nichtbeachtung strafen – oder ihnen freundlich die Adresse eines nahen Hotels nennen. Jugendlichen, denen das Ausleben ihrer Triebe in eigenen Privaträumen nicht immer ohne Probleme vergönnt ist, möge man etwas nachsichtiger begegnen. Immerhin besteht bei ihnen aber Hoffnung, dass sie

Mitteleuropa bei konsequenter Fortführung ihrer Aktivitäten vor der vollständigen Vergreisung retten und bald hübschen Nachwuchs in die Welt setzen.

7.17 WARUM SPUCKEN JUGENDLICHE SO OFT HERUM?

Auf der Strasse herumzustehen und regelmässig kleine Mengen Saliva an die Umwelt abzugeben, das scheint bei gewissen Adoleszenten schon fast eine Vollzeitbeschäftigung. So wie ein Kater seine Umwelt mit Spritzern aus seiner Harndrüse markiert, so scheinen Halbwüchsige ihr Revier mit Spucke abzustecken. Ist die Mundflora vom Kiffen zerstört worden? Ist der Speichel vom Red Bull sauer geworden? Oder lässt das Balkandeutsch, das Teenager gerne sprechen, eine Art Zungenbelag entstehen, den sie auszuspucken versuchen?

Natürlich ist es rücksichtslos, dumm, hässlich, vulgär und grob, in der Gegend herumzusabbern. Man spuckt nie, wenn jemand anders es sehen kann, das drückt Verachtung gegenüber der Umwelt aus. Muss man dennoch einmal etwas los werden, das partout nicht durch die Kehle will, dann tut man das a) in ein papierenes Taschentuch, das sofort entsorgt wird, b) ausserdem ohne Erzeugung auch nur der geringsten Geräusche und c) von anderen Menschen abgewandt.

Wer kein Taschentuch hat und dennoch spucken muss, der tut dies immer in einen Strassengraben oder in die Wegböschung, niemals aber auf den Gehweg, den andere Menschen betreten könnten. Ganz und gar unanständig ist es, irgendwo hinzuspucken, wo kein Regenschauer hinkommt, um das Ereignis wieder wegzuwaschen.

Auch Kaugummi kann man nicht einfach auf die Strasse spucken. Ist der Kaugummi nicht mehr frisch, und das ist meistens nach rund fünf Minuten der Fall, so soll man ihn entsorgen, aber bitte nicht unverpackt in Abfallkübel. Ist das Ding nämlich mal erkaltet und trocken, kriegt man es nur noch mit spitzen Messern aus dem Behälter raus. Also immer einwickeln. Die gröbste Kaugummiunsitte ist es aber, bei einer Konversation seinem Gegenüber ins Gesicht zu blicken und fröhlich schmatzend seinen Bazooka zu mampfen. Ebenso gut könnte man in der Nase bohren, während man mit jemandem spricht.

7.18 KANN MAN SEINEM KIND HEUTE NOCH EIN ED-HARDY-SHIRT MIT BUNTEN TATTOO-MOTIVEN KAUFEN?

Gewisse Phänomene der Mode erzeugen bei stilbewussten Menschen schon im Moment ihres Auftauchens eine heftige Abwehrreaktion, bei weniger Sensitiven erst später, wenn man im Album der Lebenserinnerungen blättert. Jeder kennt das Gefühl, sich unendlich für etwas zu schämen, dass man früher toll und unverzichtbar fand. Dumm ist es dann, wenn es sich um das verblasste Motiv des Zeitgeists, um eine Tätowierung handelt. Man muss dem Tätowierer Don Ed Hardy und seinem umtriebigen Vermarkter Christian Audigier also eigentlich dafür danken, dass sie mit ihrer Mode in diese Welt getreten sind, ja diese damit überschwemmt haben. Sie haben vielleicht eine ganze Generation davor bewahrt, sich Peinlichkeiten in die Haut zu ritzen, weil sie diese viel problemloser überziehen konnten.

Und dann gibt es noch einen zweiten Grund, warum man Ed Hardy einfach lieben muss: Seit es diese mit farbenfrohen Tattoos verzierten Shirts und Accessoires an jeder Ecke zu kaufen gibt, kann man Menschen mit einem genuin schlechten Geschmack sehr rasch und treffsicher von jenen Zeitgenossen mit einem Rest an Stilbewusstsein unterscheiden. In anderen Worten: Wer findet, dass sein Kind schnellstmöglich ins soziale Abseits gestellt gehört, der muss seinem Junior auch heute noch so ein T-Shirt kaufen. Sonst müsste man aber dringlich die Finger davon lassen.

7.19 MUSS MAN SICH SORGEN MACHEN, WENN SICH DER SOHN WIE BILL KAULITZ VON TOKIO HOTEL KLEIDET?

Pubertierende sind eine tolle Erfindung der Evolution! Die abstrusen Leidenschaften spriessen in dem Alter ebenso wie die Pickel, aber sie verschwinden irgendwann auch wieder. Dazwischen fühlen sich die

Kids zu allerhand identitätsstiftenden Subkulturen hingezogen, die ihnen vorübergehend Halt, Energie und Lebenssinn geben. In den 1970er-Jahren war man Hänger oder Rocker, in den 1980er-Jahren Popper oder Gruftie, in den 1990er-Jahren Techno oder Indie und seit einiger Zeit sind die Teenager Preppy, Emo – oder eben Neo-Grunge.

Die deutsche Band Tokio Hotel um die Gebrüder Bill und Tom Kaulitz, die letzteren Stil sehr kompetent verkörpert, wurde lange unterschätzt. Diese Burschen können offenbar nicht nur selber ihre Instrumente spielen, was heute ja keineswegs mehr selbstverständlich ist, sie haben auch noch einen ganz eigenen Stil definiert. Allen voran Sänger Bill Kaulitz, der ein zwar kurioser, aber origineller und echter Typ ist. Sein Styling ist unverkennbar und erhebt ihn weit über den Durchschnitt. Und er beeinflusst deshalb den Stil seiner Altersgruppe. Kaulitz ist einer, der bei den heute üblichen Castingshows nicht weit gekommen wäre. Und das spricht schon einmal sehr für ihn. Man soll seine Kids deshalb solchen Leidenschaften frönen lassen. Ein bisschen Kaulitz kann nicht schaden.

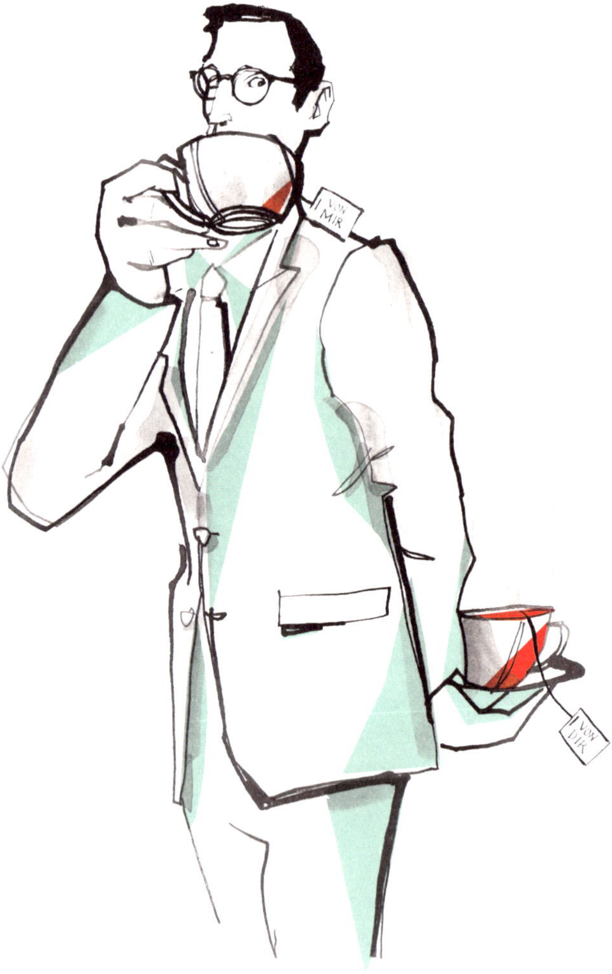
VON MIR
VON DIR

8. IN DEN EIGENEN VIER WÄNDEN

Wo Menschen zusammenkommen, sind Stil, Etikette und Schliff immer von Bedeutung. Wo der eigene private Raum beginnt, werden diese Regeln aber meist obsolet, denn es ist die freie Entscheidung jedes Einzelnen, sich zu Hause so sehr gehen zu lassen, wie ihm beliebt. Dies allerdings unter der Einschränkung, dass man wirklich alleine ist und niemand anderes mit stilistischem Schlendrian behindert. Ist also auch nur eine weitere Person in den eigenen vier Wänden anwesend, so empfiehlt es sich, an gewissen minimalen gemeinsamen Wertvorstellungen festzuhalten.

Und kommt gar einmal Besuch, so wird auch der private Raum zur öffentlichen Bühne der Lebenskultur. Dann sagt ein liebevoll eingerichtetes und gut ausgestattetes Zuhause sowie ein gepflegter Auftritt mehr über seinen Bewohner aus als jede perfekt einstudierte Galanterie.

8.1 SOLL MAN SEIN HEIM MIT RAUMDÜFTEN UND DUFTKERZEN PARFÜMIEREN?

In manch einem Raum müffelt es, gerade im Winter, wo man der Kälte wegen seltener lüftet. Schuld ist oft ein alter Teppich, eine versteckte Altlast unsauberer Haustiere, ein nicht ganz stubenreiner Mitbewohner oder einfach nur harte Arbeit und die damit verbundenen Ausdünstungen. Dagegen etwas zu unternehmen, ist im Grunde richtig: Mief gehört bekämpft, und zwar entschieden. Konsequent wäre es also, den Ursachen auf den Grund zu gehen und die Quelle des Geruchs auszumerzen. Da dies aber manchmal mit grösseren baulichen Eingriffen oder gar personellen Umsiedlungen verbunden ist, muss man sich manchmal halt damit begnügen, die schlechte Luft zu bekämpfen.

Raumdüfte lösen das Problem teilweise: Sie verbreiten einen mehr oder weniger starken synthetischen Geruch, der den Muff übertönt. Nur selten aber sehen diese Produkte auch passabel aus: Meist sind sie in derart hässlichen Plasticgehäusen verpackt, dass man sich sofort fragt, ob es nicht besser wäre, die schlechte Luft zu akzeptieren, statt eine massive ästhetische Einbusse hinzunehmen. Neuerdings gibt es aber nicht nur glänzende Plasticpyramiden und popelige Tonschälchen mit getrockneten Blüten, die Räume beduften, sondern auch elektrische Lösungen: Geräte, die wie Minimäusekäfige aussehen, in der Steckdose an der Wand montiert werden und einige Wochen lang ihre Essenzen verbreiten. Auch das mag technisch funktionieren – optisch ist es keine Lösung.

Bleiben also die grossen Parfumflaschen mit den dünnen Zedernholzstäben, die einigermassen gangbar aussehen. Sie tun gute Dienste auf Toiletten, in Warte- oder Sitzungszimmern. Im privaten Wohnraum sind aber auch sie ein wenig deplaciert. Dort greift man besser zu einer diskret aufgestellten Duftkerze von Diptyque, Mizensir, Acqua di Parma oder Comme des Garçons. Sowie zum Raumparfum von L'Artisan Parfumeur, das man dezent im Zimmer versprüht. Aber nicht im Essraum. Und die Flasche kommt danach aber wieder in den Schrank, wo sie keiner sieht. Sonst könnte der Besuch auf die Idee kommen, dem sanften Wohlgeruch zu misstrauen.

8.2 WIE BEZIEHT MAN SEIN BETT STILVOLL?

Das Schlafgemach gehört zur intimsten Zone, in die nur wenig fremde Leute je vorstossen. Insofern ist das, was dort geschieht, Privatsache. Im privatesten Kreis löst sich jedes Regelwerk des Stils sowieso zur unverbindlichen Theorie auf. Stilrelevant wird das Schlafen aber, wenn man die Bettstatt als Teil der Einrichtung inszeniert oder sie, beispielsweise in den populären Lofts, nicht vor Besuchern zu verstecken vermag. Oder wenn man seine Bettwäsche in einem Anflug von Wohnexhibitionismus zum Fenster hinaus oder über die Balkonbrüstung hängt. Dann wird es wichtig, zu prüfen, wie das aussieht, worin man sich nächtens kuschelt.

Tatsache ist, dass die Mehrheit der Mitteleuropäer aus unerfindlichen Gründen bunte und gemusterte Bettwäsche bevorzugt. Irgendwie logisch, schliesslich läuft auch eine Mehrheit auf Mephisto-Gummisohlen und in Kurzarmhemden herum. Doch versteht sich unter

Connaisseurs ganz von selbst, dass fotografische Motive wie sich aufbäumende Pferde, Rennwagen, Kätzchen oder Strände mit Sonnenuntergang absolut unzulässig sind. Geometrische Muster sind eher etwas für Herren, die in ihrer Freizeit mathematische Rätsel lösen. Blumen und Ranken weisen auf romantische Naturen hin und werden wohl von älteren Damen gekauft.

Tadelloses Stilbewusstsein zeigt man mit bester weisser Bettwäsche, die höchstens ein diskretes Webmuster oder eine partielle Plissierung hat. Das Fixleintuch aus Stretch ist nur ganz knapp okay, besser ist ein schönes Leintuch, das die Matratze bedeckt. Ins Bett gehören nur Baumwolle, Seide oder frisches Leinen. Satin mag für Erotik-Dramatiker von Bedeutung sein. Viskose oder andere, gar synthetische Fasern sind aber nichts für die Bettstatt.

8.3 MUSS EIN GENUSSORIENTIERTER MENSCH SELBER KOCHEN KÖNNEN?

Man trifft sie immer wieder, die Bonvivants neuer Schule, nicht von schlechten Eltern und mit reichlich Ressourcen ausgestattet, die über eine elegante Designerküche und einen ganzen Block von japanischen Spezialmessern verfügen – aber nicht kochen können. Dabei ist doch klar: Wer nicht kocht, der liebt und lebt nicht. Kochen ist ein sinnliches Vergnügen, eine Art Meditation im Stehen, eine Verneigung vor der Natur und den Elementen. Wasser, Feuer, Düfte und Lebensmittel kommen zusammen und zischen, dass es eine Lust ist. Kochen ist zugleich Psychotherapie und Aphrodisiakum.

Jeder sollte kochen, ob er es sehr gut oder nur mittelmässig kann. Denn kochen kann man, wie so vieles im Leben, bis zu einem gewissen Grad lernen. Und man wird erst richtig gut, wenn man täglich übt. Ausserordentliches gelingt hingegen nur mit überragendem Talent. Wer also einen Computer bedienen kann, der sollte auch eine Kürbiscreme oder eine Lasagne hinbekommen. Auch Männer! Herren, die behaupten, kochen sei unmännlich, sollten auch lange Bärte tragen, um glaubwürdig zu bleiben. Und Frauen, die am Herd zu stehen hassen, mögen bitte ihre Kerle an denselbigen beordern. Zusammen in den Töpfen rührend, findet man vielleicht wieder zu neuen Lüsten und Perspektiven.

8.4 SIND HAUSSCHUHE COOL ODER SPIESSIG?

Freunde der gepflegten Lebensart tragen unbedingt Hausschuhe, Schlappen, Pantoffeln, Babouches oder Puschen, wie man sie gerade nennen will. Denn es ist feiner, auf Pantoffeln statt auf Socken oder blossen Füssen seine Privaträume zu durchmessen. Man schont sowohl die Socken wie auch das Auge seiner Mitbewohner. Doch Vorsicht! Finger weg vom albernen Synthetikmist mit Hörnern und Zähnen, wie er in Souvenirshops und in Flughafenboutiquen verkauft wird. Man trage auch tunlichst keine dieser karierten Opa-Hausschuhe mit angeschweisster Gummisohle, sondern etwas Flaches und Zeitgemässes, allenfalls auch die Filzmodelle von Birkenstock. Ein Vollfilzpantoffel ist toll im Chalet vor dem offenen Feuer, doch im urbanen Alltag bekommt man darin schnell heisse Füsse. Eine nur halbwegs passable Alternative sind skandinavische Hüttenfinken oder die tütenförmigen Babouches, in die Nordafrikaner ihre Füsse zwängen.

8.5 DARF MAN DIE GÄSTE BITTEN, DIE SCHUHE AUSZUZIEHEN?

Man kann es verstehen, wenn Menschen ihr frisch gewienertes Parkett sauber halten wollen. Aber doch bitte nicht, wenn Gäste kommen! Denn man kann seine Gäste wirklich nicht im Ernst bitten, ihre Schuhe auszuziehen. Es ist erbärmlich und kleinlich. Ausser man schenkt seinem Besuch dafür ein Paar schöne Kaschmirpantoffeln – selbstverständlich zum Behalten. Wer als Besucher ganz sicher gehen will, nicht in die Bredouille zu geraten, der nimmt vorsichtshalber seine eigenen Hausschuhe mit, etwa die mit Stickereien versehenen Samtslipper von Shipton & Heneage.

8.6 KANN MAN FREUNDEN EIN BETONT EINFACHES ESSEN AUFTISCHEN, ETWA WÜRSTCHEN IM TEIGMANTEL?

Gastfreundschaft kann einfach sein, solange der zweite Teil des Wortes genügend beherzigt wird. Authentizität ist wichtiger als gesuchtes Raffinement. Ausserdem kann man scheinbar Exklusives, also etwa Lachs oder Sushi, in erbärmlicher Machart bekommen – und umgekehrt etwas Schlichtes wie einen Kartoffelsalat oder Grillwurst in bester Geniesserqualität. Schön wäre es also, wenn man das betont einfache Gastmahl als Kontrast auf dem schönsten Tischtuch, mit dem besten Geschirr und dem noblen Tafelsilber auftischte. Dazu ein dunkles Amber-Bier oder einen guten Rotwein.

8.7 SOLL MAN, WENN GÄSTE KOMMEN, AUCH STILLES MINERALWASSER EINKAUFEN, ODER IST LEITUNGSWASSER AUSREICHEND?

Gesegnet sind die Leser aus der schönen Schweiz, dort perlen bekanntlich die kristallklaren Bergbächlein direkt in die Trinkwasserreservoirs. Es wäre also nicht nur unnötig, sondern geradezu ignorant, Industriewasser aus irgendwelchen französischen Grossabfüllereien anzuschleppen. Falls man aber trotzdem (lokal produziertes) Mineralwasser einkauft, soll man dieses bitteschön nicht in der schnöden Plasticflasche auf den Tisch stellen, sondern in eine schöne, neutrale Karaffe umfüllen.

8.8 WANN IST DAS FEST ZU ENDE UND ZEIT, DIE GÄSTE NACH HAUSE ZU SCHICKEN?

So manche Tischgesellschaft will scheinbar einfach nicht enden. Die dritte Runde Kaffee ist längst serviert, der Grappa geht zur Neige, vom Kuchen liegen nur noch Brösel herum, und dennoch macht keiner der Gäste irgendwelche Anzeichen, sich zu erheben. Alle bleiben brav sitzen, bis es nach zwölf ist und man sich nicht mehr fürchten muss, ausgelacht zu werden, wenn man schon vor Mitternacht die Absicht bekundet, sich schlafen zu legen. Schuld daran ist ein aus Jugendtagen übrig gebliebener, kompetitiver Trieb unter den vornehmlich männlichen Gästen, möglichst lange auszuharren und so den anderen zu zeigen, was für ein zäher Hund man ist. Irgendein Relikt aus Zeiten der Schulfeten besagt, dass es keine gute Party war, wenn sie nicht sehr, sehr lange gedauert hat.

Dabei haben Dauer und Qualität einer Begegnung nichts miteinander zu tun. Man kann relativ kurz zusammenkommen und dennoch unvergessliche Gesellschaft erleben. Solange es etwas zu geniessen, zu lachen oder zu erzählen gibt, wird niemand eine abendliche Tischrunde vorzeitig abbrechen wollen, selbst wenn sie bis in den Morgen hinein dauert. Wenn aber alles aufgezehrt und diskutiert ist, soll man die Sache nicht unnatürlich verlängern, indem man zu einem Diavortrag ausholt oder Brettspiele aus der Kommode kramt. Etwas schräg ist es allerdings, wenn der Gastgeber vor Ende einer Einladung aufsteht und schlafen geht, während der Rest der Runde weiterfeiert, bis der Letzte unter dem Tisch liegt.

8.9 DARF MAN JEMANDEN ANDEREN MENSCHEN ALS SEINEN «LEBENSABSCHNITTSPARTNER» VORSTELLEN?

Solche Dinge sollte man nicht sagen, denn es ist ein technokratisches, emotionsloses Unwort von zweifelhafter Natur und nimmt eine Trennung vom aktuellen Lover bereits vorweg. Das ist fürwahr herz- und stillos. Man verwendet solche Begriffe also höchstens retrospektiv, etwa wenn man gescheiterte Beziehungen zu beschreiben versucht, zu denen man aber noch etwas zusätzliche Distanz gewinnen möchte.

8.10 IST ES UNHÖFLICH, GÄSTE ZU BITTEN, VOR DER HAUSTÜRE ODER AUF DER TERRASSE ZU RAUCHEN?

Die letzten Jahre haben die Raucher hart auf die Prüfung gestellt, doch sie haben Contenance gezeigt. So ist das europaweite Rauchverbot in Gaststätten, das mit etwas Verspätung auch in der Schweiz ankam, erstaunlich problemlos akzeptiert worden. Wer als Nichtraucher zu Hause nun dasselbe tut wie die meisten vernünftigen Gaststätten, nämlich die Raucher an die frische Luft zu schicken, der kann dafür schwerlich in den Senkel gestellt werden. So etwas ist nicht frech und auch nicht kleinlich, sondern nur logisch. Es steht den Gästen ja auch frei, ganz aufs Rauchen zu verzichten!

8.11 AUF WELCHES WEINGLAS IST FÜR DEN HAUSGEBRAUCH UNIVERSELL VERLASS?

Ein Glas für jeden Wein gibt es nicht, man muss als Feinschmecker verschiedene Formen und Grössen bereithalten. Ein gutes Weinglas sollte auf jeden Fall dünn geblasen und eiförmig sein, damit sich die Aromen entfalten können. So empfehlen sich etwa ein Weissweinglas und ein etwas grösseres Rotweinglas von einer soliden europäischen Manufaktur wie Riedel, Spiegelau oder Schott-Zwiesel. Und wer Bordeaux wirklich liebt, der kann auch auf ein Glas mit bauchiger Form nicht verzichten.

8.12 DARF MAN SICH ERLAUBEN, ZU EINEM PRIVATEN DINNER SEINEN EIGENEN TEE MITZUBRINGEN UND UM HEISSES WASSER ZU BITTEN?

Wer eine passionierte Teefeinschmeckerin ist, dem graut es normalerweise vor den muffigen, vertrockneten Staubbeuteln, die andere Menschen von der letzten Grippewelle noch übrig haben und die sie mit heissem Wasser überbrühen, wenn der Besuch statt des vorhersehbaren Kaffees einen Tee verlangt. Wer auch in solchen Situationen nicht auf einen bekömmlichen, qualitativ hochwertigen Heisswasser-Digestif verzichten will, der nimmt diskret ein Gefäss mit eigenem Tee mit. Noch besser: Man verschenke bei Einladungen ausser Haus immer eine feine Dose guten Tee. Dann kann man zum Ende des Dinners gleich selbst von seinem Präsent profitieren.

8.13 **IST ES OKAY, AN EINEM DINNER MIT FREUNDEN VERSCHIEDENE ROTWEINE AUSZUSCHENKEN, ETWA, WENN MAN NICHT GENÜGEND VON EINER SORTE EINGEKAUFT HAT?**

Nach einem Gang darf man durchaus den Wein wechseln, aber es muss bewusst geschehen. Wenn man es macht, weil man von einer Sorte nur gerade eine einzige Flasche hat, dann ist es leider falsch. Wenn der Wein im Laufe eines Essens gewechselt wird, sollte der nachfolgende Wein möglichst älter, schwerer und reifer sein als der davor aufgetischte. Auf jeden Fall muss man den Gast über den Wechsel des Weines informieren. Wer also verschiedene Flaschen auftischt, der versuche nicht, dies unter den Tisch zu wischen, indem man den Wein in der Küche dekantiert, sondern deklariert die Sache lässig als semiprofessionelle Weinverkostung oder artistische Einlage. Vielleicht ist der eine oder andere Gast ja sogar froh, verschiedene Tropfen zu bekommen. Die Geschmäcker sind bekanntlich verschieden.

8.14 **IST EIN APÉRO RICHE GLEICHZUSETZEN MIT EINEM VOLLWERTIGEN NACHTESSEN?**

Die Spanier haben Tapas, die Italiener einen Aperitivo oder «'appy hour», wie sie neuerdings lieber sagen, und die Schweizer verwöhnen ihre Gäste gerne mit einem Apéro riche. Es wird dabei im Allgemeinen davon ausgegangen, dass der Apéro riche ein Nachtessen ersetzt, weil er eine komplette Speisefolge (von salzig bis süss) enthält. Wer kein ausgebuffter Vielfrass ist, wird an einem gelungenen Apéro riche ohne Weiteres satt.

8.15 **WIE UNPÜNKTLICH DARF MAN ZU EINER PRIVATEN EINLADUNG ERSCHEINEN?**

Im deutschsprachigen Mitteleuropa gilt Unpünktlichkeit, anders als im Süden und den lateinischen Ländern, als kleines Verbrechen. Man toleriert es nicht leicht, wenn einer länger als fünf Minuten auf sich warten lässt; es hinterlässt schnell einen faden Beigeschmack, sich mehr als 300 Sekunden zu verspäten. Das ist natürlich schon sehr streng, weswegen man in dieser Sache dringend für etwas mehr Lässigkeit plädieren möchte. Ein kleines bisschen zu spät zu kommen ist im privaten Rahmen durchaus in Ordnung. Man entspannt die Sache, indem man sich eine Zeittoleranz zwischen drei und zehn Minuten gönnt. Der andere hat dann unverhofft etwas mehr Zeit, noch die getragenen Socken unters Sofa zu stupsen, die herumliegenden Aktenstapel in einen Schrank zu bugsieren oder die Rauchschwaden des angebrannten Käsesoufflés aus dem Haus zu verscheuchen.

Vorsicht: Es gibt auch Zeitgenossen, die sich durch notorische Unpünktlichkeit mediterranes Flair zulegen wollen und deren Zuspätkommen etwas Kalkuliertes, ja Angeberhaftes hat. Sie sind nicht weniger lamentabel als Erbsenzähler, die jede Sekunde ahnden wollen.

Das akademische Viertel, also 15 Minuten, ist allerdings wieder zu viel – hier dient man, die sich abzeichnende Verspätung durch einen kurzen Anruf oder eine Kurznachricht mitzuteilen. Danach sind selbstredend plausible und einigermassen glaubwürdige Entschuldigungen angebracht, die ohne zu viel devotes Theater vorgetragen werden. Schwer entschuldbar aber ist es, über eine halbe Stunde zu spät zu kommen und dann heuchlerisch zu jammern: «Jesses, ich bin doch nicht etwa zu spät?»

8.16 WIE SAGT MAN SEINEN GÄSTEN, DASS SIE ZUR PARTY OHNE KINDER ERSCHEINEN SOLLTEN?

Schwer vermintes Terrain! Viele Menschen nehmen es sehr persönlich, wenn man sie wissen lässt, dass man ihren Nachwuchs nicht gleichermassen schätzt wie sie selbst. Dennoch muss man das Thema ansprechen, und dazu gibt es einen einfachen Trick: Man erzählt jedem Gast, den man einlädt, immer von «den anderen», die auch ohne Kinder kämen – auch wenn es der erste Gast ist, den man einlädt. So hat man das schwierige Thema elegant angesprochen, ohne den Nachwuchs explizit ins Visier zu nehmen. Mündliche Ermahnungen sind in solchen Fällen auch weniger hart als schriftliche.

8.17 WELCHE MUSIK AUFLEGEN, WENN BESUCH KOMMT?

Kann man zu Eminem, Pink und Snoop Doggy Dogg essen? Oder soll man besser auf Nummer sicher gehen und einen sanften, modernen Soft Jazz im Stil von Harry Connick Jr. oder Jamie Cullum wählen, wozu jeder auch nur mittelmässig musikalische Mensch irgendwo ein bisschen mit dem Fuss wippen und mitsummen kann? Soll man gar anspruchsvolle Klassik wählen? Es kommt natürlich genauso auf den Gastgeber wie auch auf seine Gäste an. Wenn Oma und Opa zum Diner kommen, wird man wohl nicht so unhöflich sein, ihnen 50 Cent um die Ohren zu hauen. Umgekehrt werden die Grosseltern auch nicht gerade Hansi Hinterseer auflegen, wenn der Enkel zum Kuchen vorbeischaut. Was auch gar nie geht, sind allgemeine Einlull-Sammel-CDs im Stil von Café del Mar oder die grossen Boxen mit Kuschelrock. Auch Balladen von Phil Collins kann man nur als ironisches Statement hören.

Die Regel ist einfach: Wer genügend musikalische Reife hat, der darf seinem Besucher seinen Geschmack auch zumuten. Will heissen: Bei Sammlungen von 1000 CDs an aufwärts darf davon ausgegangen werden, dass der Gastgeber die nötige Vielfalt und Stilsicherheit hat, das richtige auszuwählen. Menschen mit einem solchen Repertoire dürfen dem Besuch auch gerne etwas Exotisches zumuten, wenn die Einladung nicht zwingend darauf abzielt, den Gast nach dem Essen in die Schlafgemächer zu locken. Für Letzteres eignen sich dramatische italienische Opern aber gut.

Menschen, die weniger als 1000 CDs besitzen, sollten die musikalische Begleitung der Abendveranstaltung besser mit einer gewissen Zurückhaltung aussuchen. Für gut Vernetzte ist es auch ratsam, über den Computer einen Internet-Radiosender zu spielen. Es gibt im weltweiten Datennetz phantastische Programme, die ganz ohne Lokalradio-Nervtöter-Gequassel auskommen und Musik spielen, die man zwar noch nie gehört hat, aber mindestens so gut mundet wie eine vorzügliche Crème brulée.

8.18 DARF MAN BEI EINER PRIVATEN PARTY DEN GASTGEBER NACH DER MIETE DER WOHNUNG FRAGEN?

Über Geld spricht man nicht, man hat es – sagt der Schweizer. Weiter nördlich liebt man offenbar nichts mehr, als über «Kohle» zu debattieren bzw. über «Schnäppchen», die man damit macht. Es ist aber feststellbar, dass die Menschen bezüglich ihrer pekuniären Verhältnisse nicht mehr ganz so verschlossen sind wie früher. Anders gesagt: Unter Freunden ist es inzwischen wohl recht normal, über Gehalt oder Vermögen zu sprechen und dabei nicht vor Scham über diese Ungeheuerlichkeit im Boden zu versinken. Leider nehmen aber viele Menschen die liberalisierten Zustände zum Anlass, auch bei weniger eng Vertrauten ungehemmt Fragen zu stellen, die man sich vor einigen Jahren noch unter Androhung von Hausverweis verbeten hätte. So ist es in manchen Kreisen inzwischen sehr normal, beim ersten nachbarschaftlichen Begrüssungs-Apéro gleich die saloppe Mietfrage zu stellen: Was kostet denn diese Loge hier?

Auf solche Dreistigkeiten muss man natürlich niemals antworten. Denn die Frage nach der Miete wird meist ohnehin nur gestellt, um dann zur Antwort zu bekommen, dass man dies aber «schon irgendwie noch teuer» findet. Immer zahlen die anderen weniger – was für den, der mit seiner Behausung zufrieden ist und der dank einer prima Wohnung auch weniger Geld für Ferienfluchten ausgibt, aber gar nicht relevant ist, sondern nur unnötiges Gequassel bedeutet.

Eine unerwünschte Mietfrage pariert man also am besten auf zwei Arten: Man spricht wortreich über die Vorzüge des Quartiers und die Qualitäten des Bauwerks, in dem man haust, lässt aber die erhoffte Antwort in Zahlen lässig weg. Oder man stellt, wenn man den Fragenden für seine Dreistigkeit leicht abstrafen will, eine Gegenfrage, zum Beispiel nach den Kosten fürs Auto. Denn ein substanzieller Teil der Menschen gibt bereitwillig mehr Geld für Mobilität denn fürs Zuhause aus. Und solche Menschen haben eine Einladung in ein schönes Heim ja eigentlich gar nicht verdient.

8.19 MÜSSEN SICH VEGETARIER VOR ANNAHME EINER EINLADUNG SELBST KENNTLICH MACHEN ODER SOLLTE DER GASTGEBER STETS AUCH MIT SICH FLEISCHLOS ERNÄHRENDEN GÄSTEN RECHNEN?

Sich vegetarisch zu ernähren ist für immer mehr Menschen eine Option, um Körper, Geist und Gesundheit in Balance zu halten. Von einem Trend zu sprechen würde dem Thema aber nicht gerecht, weil es sich bei einer fleischlosen Lebensweise für die meisten nicht um eine Lifestyle-Option handelt, sondern um eine Überzeugung, die sich im Laufe des Lebens meist komplett verfestigt und nur selten wieder rückgängig gemacht wird. Was dagegen sehr wohl ein Trend ist, sind die sogenannten Teilzeit- und Lustvegetarier, die manchmal wochen- oder auch monateweise auf Fleisch verzichten, dann und wann aber rückfällig werden und sich eine Wurst oder ein Steak einverleiben.

Inzwischen gibt es wohl fast so viele Teilzeit- und Lustvegetarier wie komplett Überzeugte, weswegen heute auch das allerletzte Quartierlokal eine fleischlose Alternative auf der Menukarte hat. Es wäre aber vermessen, diesen Anspruch auch auf Privathaushalte ausdehnen zu wollen. Und deswegen obliegt es bei privaten Einladungen noch immer dem Vegetarier, sich rechtzeitig zu erkennen zu geben und so dem Gastgeber die Möglichkeit zu geben, mit seiner Menuplanung auf den besonderen Gast zu reagieren. Es würde beim Gastgeber sicher für einige Irritationen und Stress sorgen, wenn diese Selbstdeklaration unterbleibt.

Herzlichen Dank für

9. **GESCHENKE MACHEN**

Ein bekanntes Problem: Man ist zum Cocktail oder zum Essen eingeladen und sollte dem Gastgeber zur Begrüssung etwas Nettes in die Hand drücken. Bei Enkeln kann man diese Schwierigkeit üblicherweise mit einem kleinen Barbetrag umschiffen, doch unter Erwachsenen sind Originalität, Charme und Menschenkenntnis gefragt, um das passende Gastgeschenk auszusuchen. Manch einer zermartert sich darob bereits Wochen vor einer Verabredung den Kopf.

9.1 WELCHE ARTIKEL EIGNEN SICH BEI EINLADUNGEN ALS GASTGESCHENKE?

Den Kristalldelphin von Swarovski? Vielleicht, wenn der Einladende den Humor dafür hat. Einen Vintage-Bildband von Niki Laudas grössten Motorsporterfolgen? Nur unter Trinkfreunden. Was also dann, wenn nicht etwas Spassiges? Etwas Nützliches und Schmackhaftes natürlich. Wein ist immer gut, allerdings nur, wenn er rot ist. Er sollte 20 Euro oder mehr kosten. Und wenn der Gastgeber ein grosser Weinfan ist, dann bringt man vielleicht besser gleich die Dreierkiste von der Vinothek. Sie ist imposanter als eine einzelne Flasche, die meistens bald im Keller verschwindet. Deshalb ist Champagner eigentlich die bessere Wahl als Wein. Natürlich nur der beste, das steht ausser Frage.

Süsses kommt auch gut an, Selbstgebackenes allerdings nur zu Weihnachten. Wer im Raum Zürich wohnt, der weiss, dass es kaum Menschen gibt, die sich nicht von Luxemburgerli von Sprüngli und Truffes von Teuscher verführen liessen. Sogar im Ausland sind sie stets ein so patentes Geschenk wie die Macarons von Ladurée aus Paris. Wer von vornherein weiss, dass der Gastgeber kein Schleckmaul ist, der bringt Gewürze vom Biomarkt – das kann man immer brauchen, ist unüblich und gleichzeitig reizvoll.

Am besten, wenn auch am umständlichsten (wegen der Lagerung und des Transports) sind Blumen. Ein jeder Strauss ist schöner als keiner. Er sollte nicht vom Supermarkt, sondern vom Fachgeschäft sein und rund eine Woche halten. Mit einfarbigen Blumenkompositionen bewegt man sich auf der sicheren Seite. Auf viel Gesteck und Gestrüpp sollte man verzichten, feste Gebilde sind uncharmant und berauben den Gast der Möglichkeit, den Strauss nach seinem Gusto umzugestalten. Allerdings ist zu bedenken, dass ein Blumenstrauss für den Gastgeber auch oft Stress bedeuten kann. Es fällt nicht jedem leicht, mitten im Gäste empfangen, Mäntel aufhängen und nach Verpflegungswünschen fragen auch noch nach der passenden Vase zu suchen und einen freien Platz dafür zu finden. Traurig, wenn dann die schönen Blumen vorübergehend in der Badewanne landen! Am besten ist es also, die Blumen am Tag der Einladung vorab mit einem Kärtchen zu senden, oder ebendies am Tag nach dem Gastmahl zu tun. Jeder Gastgeber wird sich darüber freuen.

9.2 WIE SCHENKT MAN WEINFLASCHEN?

Auf keinen Fall in diesem durchsichtigen, grausigen Knisterzellophan mit Regenbogeneffekt! Ein solcherart verpackter Wein sieht aus wie an einer Tombola gewonnen, es entwertet Geschenk wie den Schenkenden. Allerdings sind auch die Geschenkbeutel und -kartons, die man in Weinhandlungen bekommt, oft sehr geschmacklos, weil mit seltsamen Mustern bedruckt oder in vermeintlich originelle Formen geschnitten. Die schönste Weinverpackung, die man sich ausdenken kann, ist eine von Hand und mit sichtbaren Stichen in einen feinen Stoff eingenähte Flasche. Wem das zu kreativ ist, der bringe sich die alte japanische Furoshiki-Technik bei, bei der Flaschen in ein quadratisches Seidentuch gewickelt und geknotet werden. Entsprechende Bindeanleitungen lassen sich im Internet leicht googeln. Dabei sind der Wein und das Seidentuch dann das Geschenk.

9.3 SOLL MAN KLEINKINDERN, DIE NOCH NICHT LESEN KÖNNEN, TROTZDEM GEBURTSTAGSKARTEN SCHICKEN?

Ja, weil die Kinder üblicherweise ja Eltern haben, die stellvertretend für sie die Post öffnen. Zu denken, der Kleine könne ja sowieso nicht lesen, ist zwar richtig und logisch, aber dennoch herzlos. Der Kleine würde die Grussnote zum Geburtstag sicher nicht vermissen, aber seine

Eltern. Also soll man wenigstens anrufen. Weil man grundsätzlich nie mit Nettigkeiten knausern sollte.

9.4 DARF MAN GÄSTE BITTEN, STATT GESCHENKE EINEN GELDBETRAG AN EINE GEMEINNÜTZIGE INSTITUTION ZU GEBEN?

Wahrscheinlich haben Menschen, die solche Einladungen aussprechen, schon alles zu Hause und fürchten, von ihren Freunden mit unnützem Krimskrams zugedeckt zu werden, den sie dann wieder zum Trödelhändler bringen müssen. Also versuchen sie, das Unvermeidbare mit dem Nützlichen zu verbinden und versuchen, persönliche Zuwendungen an gemeinnützige Institutionen umzulenken. Es steht jedem Einzelnen jedoch frei, solche Aufforderungen zum kollektiven Guttun zu ignorieren, etwa, indem man mit einem schönen Blumenstrauss auftaucht und so tut, als hätte man den Spendenaufruf tolpatschig überlesen. Das ist alleweil eleganter, als verkniffen und widerwillig etwas in einen Topf zu legen, der einem nicht geheuer ist.

9.5 IST ES IN ORDNUNG, SELBST GEBRANNTE CDS ZU VERSCHENKEN?

Unter Kindern und Teenagern ist die gute alte Compact Disc, die ja nun auch immer mehr aus der Mode kommt, schon fast ein nostalgisches Stück Kulturgut. Man rippt ein paar Songs aus seiner digitalen Musikdatenbank darauf, oft eine emotionsgeladene Selbstentblössung, und hofft, mit dem Geschenk das Herz eines/einer Gleichaltrigen zu erobern. Früher tat man dasselbe mit Kassetten, und das Gestalten der Hüllen war – damals wie heute! – fast eine eigene Kunstgattung.

Unter Erwachsenen mutet es heute aber seltsam an, jemandem «Selbstgebranntes» zu überreichen. Zwar überragt der darin enthaltene kreative und zeitliche Input den Wert eines sehr viel breiter akzeptierten Gastgeschenks wie etwa einer Flasche Wein, weil nicht selten ein

Stündchen kostbare Arbeit drin steckt. Doch liefert man mit der selbst gefertigten CD auch immer gleich den Verdacht mit, die Musik eigentlich doch nur für sich selber gekauft und dem lieben Freund nur eine Kopie davon gezogen zu haben.

9.6 TUT MAN ES AUCH HEUTE NOCH: SICH FÜR EINE EINLADUNG MIT EINEM KÄRTCHEN ZU BEDANKEN?

Man tut es tatsächlich nicht mehr oft, denn vielfach wird der E-Mail oder der SMS der Vorzug gegeben. Was aber nicht heisst, dass es noch immer formvollendet stilvoll ist, sich für eine Einladung tags darauf mit ein paar handschriftlichen Worten des Dankes erkenntlich zu zeigen. Gute Manieren kommen nicht so schnell aus der Mode. Es muss heute kein umständlich oder allzu devot formuliertes Briefchen mit Siegelstempel mehr sein, doch steht ausser Zweifel, dass ein paar freundliche Zeilen mit einem herzlichen Gruss eine eben noch gefeierte Freundschaft noch gründlicher zu festigen vermögen.

Wer eine solche Grusskarte schreibt, der möge dies bis spätestens drei Tage nach einem Ereignis und am besten auf einer etwas festeren Korrespondenzkarte tun – schön, wenn diese mit einigen persönlichen Insignien, etwa den Initialen oder dem gedruckten Namen des Absenders versehen ist. Ein gewöhnliches Blatt Papier aus dem Drucker reicht nicht aus, es muss schon etwas raffinierter sein. Auch sollte man dem Füller oder Tintenroller gegenüber dem Kugelschreiber den Vorzug geben. Mit dem Computer gedruckte Karten sind nur dann zulässig, wenn einem die Hände zum Schreiben fehlen.

Auf die Karte schreibt man 1. eine anständige Anrede, 2. einige Worte des Dankes, 3. falls absehbar, die Ankündigung einer möglichen Revanche, 4. einen Gruss und den Namen des Verfassers. Natürlich alles in schöner, aber nicht zu bemühter Handschrift. Auf keinen Fall soll man diese Karte aber mit zu genauen Angaben überstrapazieren, etwa mit einem allzu präzisen Benennen des Geschenks. «Danke für die 100 Euro» ist niemals so raffiniert wie «Danke für deine Grosszügigkeit».

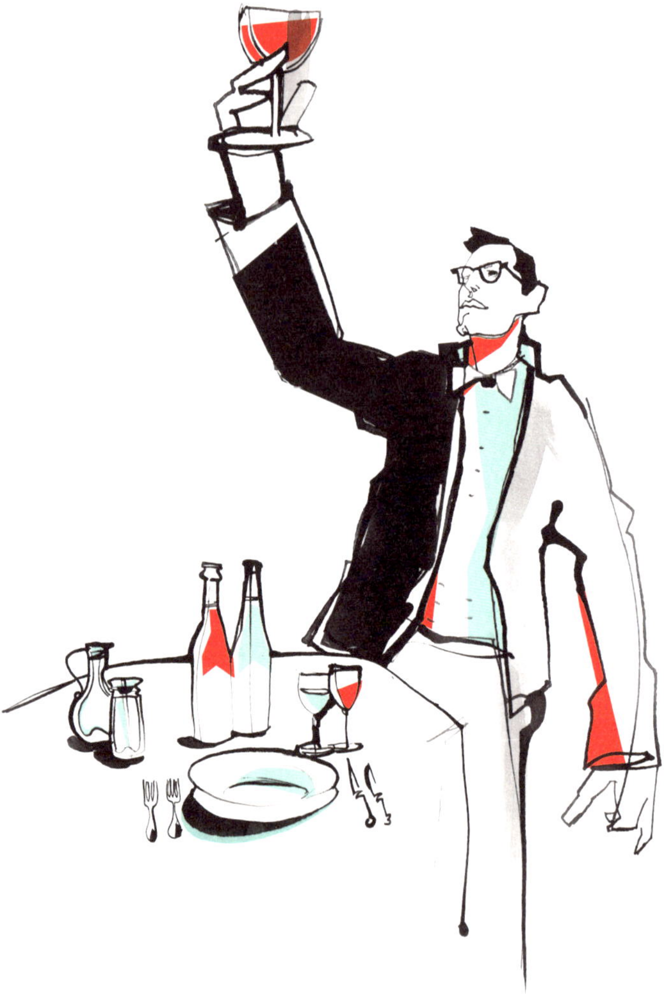

10. **IM RESTAURANT**

Nicht wenig vom sozialen Wettbewerb hat sich heute vom privaten Parkett in den halböffentlichen Raum von Gaststätten verlagert, wo gemütlich getafelt und geprostet wird. Dabei hat aber schon manch einer nicht nur sein Hemd, sondern seine ganze Reputation befleckt. Höchste Zeit also, auch diesem neuen Lieblingstummelfeld der Zwischenmenschlichkeit etwas regulierende Aufmerksamkeit zu schenken!

10.1 BEGRÜSST MAN AUCH DANN ZUERST DIE DAME, WENN DIE DAME UND DER HERR AUF UNTERSCHIEDLICHER HIERARCHIEEBENE STEHEN UND DIE DAME AUF TIEFERER STUFE?

Im normalen zwischenmenschlichen Verkehr begrüsst man möglichst immer zuerst die Dame. Auch wenn der Herr – wie empfohlen – zuerst durch die Tür des Restaurants tritt, wird der Wirt oder Gastgeber die Dame abwarten und diese begrüssen. Dies gilt auch, wenn es sich um eine geschäftliche Verabredung handelt und das Zusammentreffen mit dem «Herrn Direktor» möglicherweise wichtiger erscheint als das Begrüssen seiner Gattin. Der begleitende Herr sollte den ersten Schritt zu einer gelungenen Begrüssung aber nicht einfach deren Gegenüber überlassen, sondern idealerweise seine Herzensdame vorstellen.

Etwas komplexer ist es auf dem diplomatischen Parkett oder bei Staatsbesuchen. Hier gehen Begrüssungsrituale des Öfteren in die Hosen, obwohl es Protokollchefs gibt, die sich ganztägig ausschliesslich mit solchen Fallstricken beschäftigen. In diesem Rahmen gelten besondere Regeln, die man am besten dem bewährten *Guide du protocole et des usages* von Jacques Gandouin entnimmt. So ist es etwa üblich, dass erst dem Herrn Staatspräsident und dann erst seiner Frau die Hand gegeben wird – hier ist Rang wichtiger als Galanterie.

10.2 KANN MAN IM RESTAURANT EINEN WEIN AUSSER WEGEN KORKEN AUCH AUS ANDEREN GRÜNDEN ZURÜCKWEISEN, ETWA WEIL ER EINEM NICHT ZUSAGT?

Kein Wirt dieser Welt ist dazu verpflichtet, willkürlichen Launen seiner Gäste Folge zu leisten. Sprich: Man muss im Falle einer geschmacklichen Enttäuschung, die aber nicht auf Weinfehlern beruht, schon auf die Kulanz des Gastgebers hoffen. Es muss schon ein handfester «Zapfen» sein. Weissweine mit Drehverschluss bietet man übrigens auch deshalb zur Verkostung an, weil sie unter Umständen einen sogenannten Böckser haben können, also einen Fehlton.

10.3 WELCHE MIXGETRÄNKE KANN MAN IN EINER BAR KONSUMIEREN, OHNE SICH DER LÄCHERLICHKEIT PREISZUGEBEN?

Der Film *Cocktail* mit Tom Cruise als wirbelndem Barmann ist ein Klassiker, der sich tief im Stammhirn vieler in den 1980er-Jahren sozialisierter Männer eingetragen hat. Was man da nicht alles cool fand, und was für Namen diese Getränke hatten! Damals kaufte man also Bar-Bücher, mit denen man sich selbst in die Kunst des Mischgetränks einwies und erstand Dutzende von Flaschen mit bunten Likören und exotischen Fruchtsäften. Heute verstaubt dieser ganze Cocktail-Schmus in irgendwelchen Wandschränken. Denn Ladykiller, Sex on the Beach und dergleichen haben ausgedient. Dafür konsumiert man wieder einfache Basics und grosse Klassiker – das Glas Champagner (in der Schweiz auch als «Cüpli» bekannt, obwohl der Champagner heute kaum mehr aus einer Coupe, sondern aus einer Flûte, also einem «Flütli» getrunken wird), das schöne Glas Bier oder einen erfrischenden Kelch Weisswein. Toll auch altmodische Drinks: Eine Bloody Mary regt den Geist an, ein Gin Tonic erfrischt und beflügelt, und der klassische Dry Martini lässt einen unweigerlich ein bisschen wie James Bond dastehen.

Wichtigstes Kriterium für die Entscheidung, ob ein Mixgetränk konsumierbar ist oder nicht, ist seine Zusammensetzung: Wenn mehr als maximal drei verschiedene Flüssigkeiten kombiniert werden, muss man die Finger davon lassen. Und ganz wichtig: Man soll, so das Barpersonal dies nicht längst begriffen hat, den Verzicht auf jegliche Dekoration fordern. Erdbeeren und Spiesse mit Ananasstücken gehören in der Regel nicht auf einen guten Drink.

10.4 WANN SOLL MAN MIT GLÄSERN ANSTOSSEN – UND WANN NICHT?

Am coolsten sind die Franzosen, die einen Wein sofort mit grossen Schlucken zu trinken beginnen, wie er serviert wird – ganz ohne Zeremoniell. Es soll aber auch fröhliche private Abende geben, während derer wiederholt angestossen wird und sich alle jedes Mal auf die Runde Gläserklirren freuen. Und dann kennt man auch jene grösseren Tischrunden, bei denen sich die Leute plötzlich kreuz und quer um den Tisch erheben, um aufs Komplizierteste die Gläser anklingen zu lassen.

Daher gilt: Mit den Gläsern anstossen ist ein bisschen wie sich duzen – es wird wahrscheinlich eher zu oft und aus dem Gefühl heraus getan, das müsse jetzt halt so sein. Freunde, die einen herzlichen Umgang pflegen, verliebte Pärchen oder zwei alte Bekannte, die sich wiedersehen und ein Ereignis zu begiessen haben, sollen ruhig klirrend die Gläser erheben. Auch Tischrunden von bis zu sechs Personen sollen das Ritual anwenden, wenn sie mögen – vorzugsweise abends, denn über Mittag Wein zu trinken kommt ja doch langsam aus der Mode. In grösseren Tischrunden tut man sich und anderen aber eindeutig einen Gefallen, wenn man aufs Gläserklirren verzichtet und nur kurz mit einem netten Wort die Gläser erhebt und in die Runde schaut, bevor getrunken wird.

Ein Wort zu den Substanzen, mit denen angestossen wird: Im Prinzip eignet sich nur Wein. Gäste, die diesen – aus welchen Gründen auch immer – verschmähen und Wasser oder Limonaden bevorzugen, halten sich beim Zuprosten also zurück. Ebenso wenig zum Anstossen eignet sich Champagner, denn prinzipiell wird nur mit etwas angestossen, das die Gläser klingen lässt, also niemals mit kohlesäurehaltigen Getränken. Bier, das ohne Becher aus der Flasche getrunken wird, kann kurz mit dem Flaschenboden zusammengetickt werden – nie aber klirre ein Bier gegen ein Glas Wein. Auch mit harten Alkoholika wird nicht angestossen, sondern nur unter Formulierung eines Trinkspruchs das Glas erhoben.

10.5 IST ES NICHT PEINLICH, SICH BEIM ZUPROSTEN MIT GLÄSERN AUCH NOCH ZU KÜSSEN?

Küssen beim Anstossen ist tatsächlich ein bisschen spiessig und führt bei anderen am Tisch immer zum Fremdschämen. Wer es im privaten Rahmen macht, à la bonne heure, aber in Gesellschaft – nein danke! Einen solchen Brauch kennt kein gutes Stilkompendium dieser Welt. Ein Restaurant ist ja kein privates Boudoir, sondern ein soziales Theater. Schlimm sind also Paare, die sich in demonstrativer Zurschaustellung ihrer Harmonie umständlich über den Tisch beugen, um sich dann zum zärtlichen Pröstchen auch noch zu küssen. Da wünscht man sich immer, dass die Kerze auf dem Tisch der unwürdigen Show ein abruptes Ende bereitet.

10.6 SOLL MAN GUTEN WEIN WENN MÖGLICH DEKANTIEREN?

Nur zu dekorativen Zwecken wurde das Ritual des Dekantierens nicht erfunden. Es hat schon einen Zweck, dem Wein beim Umgiessen in eine Glaskaraffe die Gelegenheit zu geben, sich zu entfalten. Es geht dabei darum, den Tropfen mit Sauerstoff anzureichern sowie um das Trennen eines Depots in der Flasche.

Das Dekantieren empfiehlt sich vor allem bei reduktiven Weinen. Dabei spielt es keine Rolle, ob der Wein schon fünf oder mehr Jahre alt ist oder ein ganz junger Tropfen aufgetischt wird. Auch ein Côte du Rhône kann so verschlossen sein, dass man ihn dekantieren darf. Dagegen kann ein kostbarer alter Wein beim Dekantieren auch einmal zusammenfallen oder oxidieren. Wenn es einem richtig erscheint, soll man den Kellner im Restaurant also ruhig bitten, den Wein umzufüllen. Wenn dieser dann mit der bauchigen Barolokaraffe antanzt und einen alten Wein dort reingiessen will, muss man den Herrn aber ganz streng anschauen und nach einer schlanken Karaffe verlangen, die einem reifen Gewächs besser gerecht wird. Denn die bauchige Karaffe ist für junge oder sehr alkoholreiche Weine vorgesehen, damit sie etwas von ihrer Schärfe verlieren.

Vor dem Lichtschein einer Kerze zu dekantieren ist allerdings schon etwas hollywoodmässig klischiert. Besser ist es, man entfernt die Kappe am Flaschenhals ganz, damit man auch ohne romantischen Bombast sieht, wenn das Depot kommt. Last, but not least kann man selbstverständlich nicht nur rote, sondern auch weisse Weine dekantieren, etwa einen grünen Veltliner oder weissen Burgunder.

10.7 IST ES NOCH NÖTIG, DASS DIE HERREN AM TISCH AUFSTEHEN, WENN EINE DAME DEN TISCH VERLÄSST BZW. WIEDER DAZUKOMMT?

Das kann man, wenn man höflich und förmlich sein will, auch heute noch so pflegen, und ein vollendeter Gentleman tut es, ohne darüber nachzudenken, es ist quasi sein natürlicher Reflex. Es ist aber ein gewisses Augenmass geboten. Bei einem feierlichen Tête-à-tête würde ein Galan immer fürs Aufstehen plädieren. In einer grösseren, vertrauteren Runde aber kann man, je nach Art des Lokals, auch einmal sitzenbleiben, wenn eine Dame sich kurz entfernt. Doch beim definitiven Verabschieden einer Dame ist es für einen Mann von Welt heilige Pflicht, sich vom Tisch zu erheben!

10.8 DARF MAN SPEISEN NACHWÜRZEN, OHNE SIE VORHER PROBIERT ZU HABEN?

Man darf sich an einer gepflegten Tafel immer wieder darüber wundern, wie unüberlegt das Essen oft nachgewürzt wird: Kaum ist der Schmaus serviert, greifen manche sofort zu Salz- oder Pfeffermühle und besprenkeln das Essen mit Geschmackturbos, ohne davon gekostet zu haben. Das ist natürlich sehr roh, ja richtiggehend frech. Richtig ist selbstverständlich, das Essen erst einmal zu kosten, bevor man es nach eigenem Geschmack verändert. Dazu sollte auch beachtet werden, dass so manche Speise, wenn sie heiss auf den Tisch kommt, ihre Salzigkeit oder Schärfe erst nach einigen Minuten zu erkennen gibt. Es ist daher nötig, erst zwei Bissen zu nehmen, zwischen denen man etwas Zeit verstreichen lässt, bevor man zum Food-Tuning schreitet.

Dann aber ist es selbstredend völlig okay, eine Mahlzeit nachzuwürzen. Man soll keine Scham an den Tag legen, wenn es darum geht, Pfeffer und Tafelsalz benützen zu dürfen. Menschen, die fürchten, den Gastgeber so als schlechten Koch zu brandmarken, leiden an mangelndem Selbstvertrauen. Auch wenn das gute alte Tischzeug so gut wie ausgestorben ist, darf man als Gast noch immer adäquates Würzwerkzeug erwarten. Dazu gehört eine Pfeffermühle, aber keine aus Plexiglas oder gar mit elektrischem Motor. Empfehlen kann man die Mahlwerke von Zassenhaus und Peugeot, ohne dass diese Aufzählung Anspruch auf Vollständigkeit erheben möchte. Das Salz sollte aus dem Streuer kommen – oder aus dem derzeit modischen Töpfchen mit Fleur de Sel. Originalverpackungen sollten aber vorher entfernt werden.

Gewürzöle sind je nach Speise möglich, wenngleich sie gerade in italienischen Gaststätten oft missbräuchlich zum Einsatz kommen. Männer mit überhöhtem Testosteronspiegel meinen manchmal, ihre Abgebrühtheit mit ganzen Löffeln von dem Chili-Zeugs beweisen zu müssen.

10.9 KANN MAN HEUTE NOCH EINEN LATTE MACCHIATO BESTELLEN, ODER SOLL MAN VON DEM TRENDGETRÄNK LANGSAM ABSTAND NEHMEN?

Man muss allmählich nach anderen Möglichkeiten suchen, denn der Latte kommt in die Jahre. Denn meistens ist dieser auf viel Milch gereichte Kaffee nur eine grausig cremige, graue und fade Suppe mit

Schaum! Es gibt Varianten, die mehr Kraft haben, etwa ein Espresso macchiato, ein Cappuccino oder auch die gute alte Schale. Für die Damen gibts ab Erscheinen dieses Buches noch eine einjährige Latte-Schonfrist zur Umgewöhnung. Für Männer gilt das Verdikt schon jetzt: Wer noch Latte trinkt, ist ein Waschlappen.

10.10 WIE RUFT MAN KORREKT NACH DER KELLNERIN, WENN MAN BESTELLEN ODER ZAHLEN MÖCHTE?

Im Grunde ruft man im Lokal gar nicht, sondern begnügt sich mit Handzeichen. Gutes Personal wird ein solches nicht übersehen. Wenn trotzdem gerufen werden muss: Alles, ausser «Fräulein»! In der Schweiz ruft man auch «Service!», das ist eine Spur eleganter als das teutonisch-barsche «Bedienung!». Wer Fremdsprachen beherrscht, kann sich auch des französischen «Mademoiselle» bedienen. Das heisst zwar am Ende auch nur Fräulein, klingt aber deutlich feiner.

10.11 MUSS MAN DEN KAFFEELÖFFEL AUS DER TASSE NEHMEN, BEVOR MAN ZUM TRINKEN ANSETZT?

Ja, besser sogar schon vorher, will man sich beim Trinken nicht vielleicht selbst die Augen ausstechen. Man benutzt den Löffel nur kurz, zum Anrühren von Zucker oder Milch, und legt ihn danach wieder auf der Untertasse ab – und bitte nicht ablecken! Das etwas steif wirkende Verdikt hat einen ganz praktischen Nutzen: Mit einem in der Tasse stehenden Löffel kann es leicht passieren, dass die Tasse umkippt, wenn jemand über den Tisch greift und am Stiel hängen bleibt.

10.12 DARF MAN HEISSE SPEISEN ZUM ABKÜHLEN ANPUSTEN?

Daheim im privaten Rahmen kann man eine dampfend heisse Speise durchaus sanft anpusten, bevor man sich damit vielleicht Zunge und Gaumen verbrennt. Vor Gästen oder im Restaurant sollte man es aber nicht tun. Da ist es besser, mit einem kleinen Smalltalk die Zeit zu überbrücken, bis die Speisen von selbst etwas abgekühlt und auch ohne dramatische Szenen geniessbar sind. Ein guter Küchenchef versteht es, seine Menus zwar gut gewärmt, aber nicht gesundheitsgefährdend heiss auftragen zu lassen.

10.13 WO STELLT EINE DAME BEI TISCH IHRE HANDTASCHE HIN?

Auf den Service-Seiten von Frauenzeitschriften liest man immer wieder von praktischen, formschönen und teilweise liebevoll dekorierten Handtaschenhaken, die man zusammengefaltet mit sich trägt und mittels derer man die Handtasche diskret an der Tischkante aufhängt. Das ist keine schlechte Idee, wenngleich natürlich nur eine Krücke. Denn hat der Gastgeber oder das Restaurant Stil, so wird man für Handtaschen extra Stühle oder Taschenschemel bereithalten. Auf den Fussboden gehört das gute Stück wirklich nicht, es sei denn, es ist eine Sport-, Kurier- oder Einkaufstasche. Damen, die ihre Handtaschen den ganzen Abend auf den Knien oder – noch schlimmer! – hinter ihrem Rücken auf dem Stuhl haben, sind in ihrer unentspannten Fixierung allerdings auch nicht zu beneiden.

10.14 DARF MAN JEMANDEN, DER – ETWA BEI EINEM RESTAURANTBESUCH – UNVERHÄLTNISMÄSSIG LANGE AUF DER TOILETTE WAR, BEIM ZURÜCKKEHREN AN DEN TISCH NACH DEM WOHLBEFINDEN FRAGEN?

Einem aufmerksamen Gastgeber entgehen solche Dinge nicht, wenngleich es sehr ungewöhnlich wäre, die betroffene Person darauf anzusprechen. Entfernt sich einer aber ungewöhnlich lange vom Tisch, scheint es durchaus statthaft, diskret und unter vier Augen nach der Befindlichkeit zu fragen. Kann ja sein, dass sich jemand eine Shigellose oder Amöbenruhr oder sonst etwas geholt hat, und darüber sollte man auch als Gastgeber und Eigentümer eines stillen Örtchens im Bilde sein. Wahrscheinlicher ist aber, dass die Gäste zwar kerngesund sind, aber WC-Pausen fürs Telefonieren oder das Senden von SMS nutzen. Was natürlich eine Frechheit sondergleichen ist!

10.15 PASSEN KLEINKINDER IN EIN FEINSCHMECKERRESTAURANT?

In besseren Speiselokalen sitzen oft Geschäftsherren, die gerade einen krummen Deal, eine politische Intrige oder ein Waffengeschäft besprechen, sowie verliebte Paare, die bei Kerzenlicht den Tanz ihrer Hormone oder eine bestimmte Anzahl gemeinsam durchlebter Jahre feiern. Es geht also gediegen und diskret zu, und das steht diametral zur Wesensart von Kindern. Ausserdem ist ja einigermassen bekannt, wie sehr Kinder es hassen, wenn die Eltern die ganze Familie in so ein Restaurant schleppen. Sie brüllen und quengeln, rennen und prügeln also herum, ganz nach dem Motto: Wenn einem die Eltern diese Exkursion in die Welt der Erwachsenen schon antun, sollen sie dafür büssen und kein vernünftiges Wort miteinander wechseln können. Auf andere, eventuell auch anwesende Gäste kann da leider keine Rücksicht genommen werden.

Man tut also gut daran, mit den Kleinen entsprechende Familienlokale statt solcher Speisestätten aufzusuchen, wo Menschen für das lukullische Erlebnis eine schöne Summe Geld liegen lassen und nicht unbedingt darauf warten, dass sich kleine Tyrannen in den Mittelpunkt des Geschehens drängen. Es gibt ganz einfach viel besser geeignete Orte, um den familiären Zusammenhalt zu zelebrieren und zu festigen. Und Restaurants, die auch kinderreiche Gesellschaften bewirten wollen, tun gut daran, den Kleinen im Flur oder Nebenzimmer etwas Unterhaltung und Ablenkung einzurichten, sei das mit Spielzeug, Denk- oder Knobelspielen. Solcherart umgelenkte Energie ist viel erfreulicher als die destruktive Natur, die eingeengte Junioren am Tisch gerne entwickeln.

10.16 WER BEZAHLT IM RESTAURANT DIE RECHNUNG?

Regelmässig bricht in Restaurants ein kleines Scheingefecht aus, wenn das Dienstpersonal an den Tisch tritt und, als letzten Gang, das Dossier mit den addierten Kosten der eben abgeschlossenen Verpflegung serviert. Dann wird hastig über den Tisch gelangt, um dem Gegenüber die Rechnung wegzuschnappen und seine Grosszügigkeit zu demonstrieren. Das ist natürlich unwürdig und unnötig. Besser ist es, sich vorgängig kurzzuschliessen und zu regeln, wer die finanziellen Folgen der Verköstigung trägt.

Wenn eine Dame und ein Herr zusammensitzen, bringt der Kellner auch heute noch die Rechnung dem Herrn. Das ist im Prinzip richtig, heisst aber nicht, dass immer der Mann zu zahlen hätte. Ein wahrer Gentleman würde nicht versuchen, einer Frau, die ihn explizit zum Essen einladen möchte, diesen Wunsch auszureden. Sonst zahlt selbstverständlich der Herr.

Extrem uncool ist es auch, die Rechnung nach anwesenden Personen aufzuschlüsseln oder teilen zu wollen: Ein grossmütiger Geist wird immer versuchen, dies zu vermeiden, indem er selbst für den Gesamtbetrag aufkommt. Die anderen können sich ja bei nächster Gelegenheit revanchieren. Davon sollte man ausgehen können: Wer zahlt, der wird das nächste Mal eingeladen. Das gilt auch unter Kollegen oder bei Männerfreundschaften: Wenn immer möglich, zahlt nur einer für den ganzen Tisch.

Anders ist es, wenn man sich mutmasslich nur einmal trifft, vielleicht zu geschäftlichen Zwecken. Dann zahlt natürlich der Bittsteller oder Auftraggeber bzw. derjenige, der die Initiative zu einer gemeinsamen Verpflegung ergriffen hat. Er wird die Rechnung ja im Normalfall seiner Firma weiterverrechnen. Und sonst als Mahnmal eines erfolglosen Werbens in das Poesiebuch des Lebens einkleben.

10.17 WAS IST ALS MANN ZU BEACHTEN, WENN MAN EINE MUSLIMISCHE BEKANNTSCHAFT ZUM ERSTEN DINNER IN EIN RESTAURANT AUSFÜHRT?

Im Grunde gelten keine grundsätzlich von unserem westlichen Kulturkreis abweichenden Empfehlungen. Kulinarisch haben sich die meisten Gaststätten, wenn es sich nicht gerade um eine Metzgete auf dem Land handelt, auf eine internationale Kundschaft eingestellt. Zwischenmenschlich wäre aber durchaus einiges zu beachten: Der

Mann bleibt beim ersten Date eher ein bisschen auf Distanz – er wird seine Prinzessin also auf keinen Fall schon befummeln und anfassen wollen. Das macht man einfach nicht.

Der Mann soll höflich und aufmerksam sein, und ruhig auch ein wenig von sich selbst erzählen, dabei im Idealfall lustig und überraschend sein. Eine gesunde Männlichkeit und Selbstbewusstsein werden hoch geschätzt, also kein Gejammer. Auch bitte nicht über Politik quatschen. Wer unsicher ist, ob die Verabredung auch Alkohol trinkt, der fragt nach, ohne allzu scheu ums Thema herumzudrucksen. Gegebenfalls übernimmt der Kellner diesen Part ja bereits in den ersten Minuten. Doch im Grunde gelten diese ganzen Empfehlungen nicht nur für ein Rendezvous mit einer muslimischen Frau, sondern ganz generell. Alle Frauen, ungeachtet ihrer religiösen Orientierung, schätzen selbstbewusste, originelle und schlagfertige Männer. Nur eines ist bei einem Treffen mit einer Muslimin wirklich anders als sonst: Falls man eine Empfehlung von der Menukarte abgeben möchte, so sollte man vielleicht besser nicht auf die – zwar bestimmt köstlichen – Lenzburger Schweinswürstli tippen.

10.18 GEHÖRT DIE PAPIERSERVIETTE AUCH – WIE EINE AUS STOFF – WÄHREND DES ESSENS AUF DEN SCHOSS?

Man erlebt es immer wieder: Kaum hat man das feine Exklusivrestaurant betreten und Platz genommen, sagt eine innere Stimme, dass hier etwas nicht in Ordnung ist und man eigentlich besser wieder aufstehen und gehen sollte, bevor der Kellner die Bestellung aufnimmt. Weshalb sich diese innere Stimme erhebt? Weil auf dem Tisch Papierstatt Stoffservietten liegen. So etwas geht in einer Kantine, einem Bistro oder einer Pizzeria in Ordnung, aber überall dort, wo man sich einer gehobenen Kulinarik rühmt, gehören unbedingt Stoffservietten auf den Tisch! Und zwar schöne, fleckenlose, tadellos gebügelte und leicht gestärkte Servietten, die nicht zu klein sein sollten: ein Format von 50 x 50 Zentimeter ist das Mindeste. Sie können feine Muster haben, aber nur gewobene oder gestickte, doch besser sind sie uni und weiss. Eine Stoffserviette hat Würde und textile Schönheit, und sie schützt im Fall einer Panne auch wirksam vor Flecken. Deshalb legt man sie zum Essen auf den Schoss bzw. steckt sie (als Mann!) für bestimmte schwierige Speisen in die Knopfleiste des Hemdes.

Man sieht es zwar nicht mehr oft, aber es gibt auch besonders edle Stoffservietten, die haben in einer der vier Ecken ein kleines Knopfloch, womit sich der Spritzschutz an einem Knopf des Hemdes festmachen lässt. Eine Papierserviette dient jedoch bestenfalls dazu, sich nach dem Essen den Mund abzutupfen, und deshalb bleibt sie bis zu diesem Moment auf dem Tisch neben dem Teller liegen. Nach Gebrauch legt man sie auch wieder dorthin, nicht etwa in den leer gegessenen Teller. Mit Servietten – ob solchen aus Stoff oder Zellstoff – putzt man sich im Übrigen nur den Mund ab, niemals jedoch die Nase. Wer sich schnäuzen muss, vielleicht weil der Chili sich etwas zu sehr in den Vordergrund gedrängt hat, der möge dazu ein Taschentuch verwenden. Und sich diskret vom Tisch abwenden.

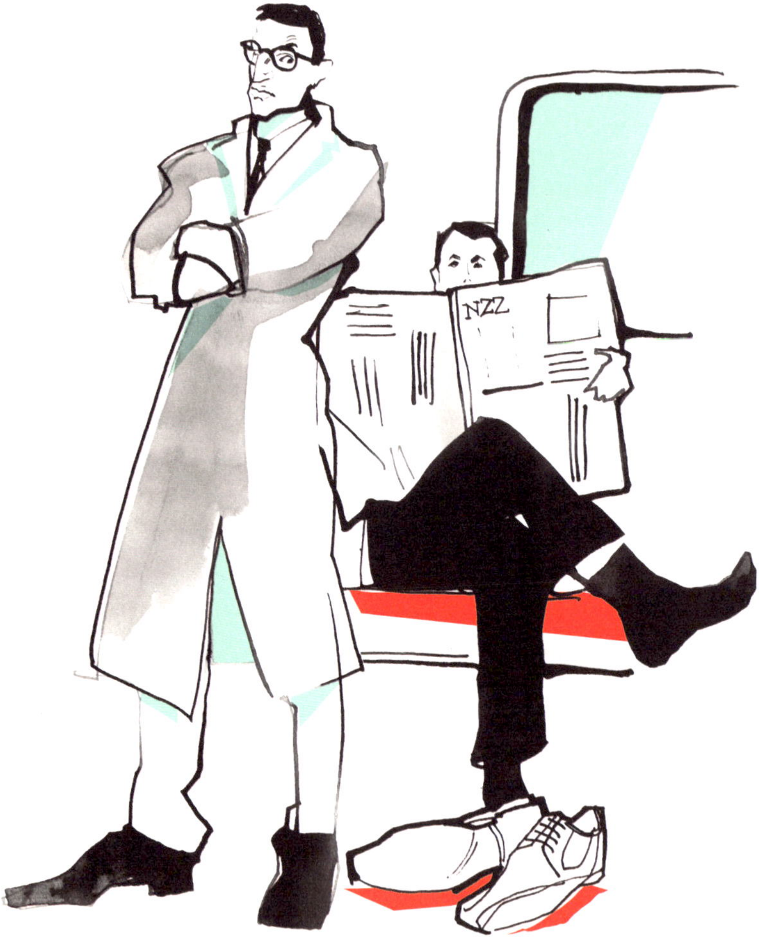
NZZ

11. UNTERWEGS UND MOBIL

Menschen, die sich in ihrem eigenen Automobil durchs Leben bewegen, wähnen sich oft in einer komplett privaten «comfort zone», in der sie ungestört in der Nase bohren oder Fingernägel kauen können. Das ist im Prinzip nicht falsch, doch sollte man auch bedenken, dass Autos rundherum Fenster haben, und dass dadurch auch das private Herumhantieren durchaus eine öffentliche Note haben kann. Ausserdem: Heute wird man ja nicht nur als Celebrity alle paar Kilometer gefilmt oder fotografiert!

Sehr viel mehr Contenance braucht der, der im öffentlichen Verkehr unterwegs ist: Hier wird das Reisen zur gesellschaftlichen Herausforderung, die man am besten mit der Beachtung einiger einfacher Grundregeln meistert. Ein Zug oder eine Strassenbahn ist kein Sanatorium, sondern ein öffentliches Transportmittel, worin sich die unterschiedlichsten Menschen durchs Leben bewegen. Das geht nicht, ohne dass alle Seiten ein Höchstmass an Toleranz füreinander aufzubringen versuchen und die Entfaltung ihrer Individualität für die Dauer einer Reise etwas mässigen. Dies betrifft auch den Einsatz mobiler Kommunikationsgeräte, denen sich ein Teil der nachfolgenden Empfehlungen widmet.

11.1 DARF MAN IN DER STRASSENBAHN EINE GRILLWURST ESSEN?

Mit der Lunchpause im öffentlichen Verkehr verhält es sich folgendermassen: Auf das Mitbringen und Verspeisen heisser und deshalb stark riechender Speisen wie Wurst, Kebab, Pizza, Hamburger, Falafel oder Crêpes sollte verzichtet werden. Der Duft dieser Lebensmittel kann andere Leute ungebührlich belästigen. Auch Nahrungsmittel, deren Verzehr Werkzeug erfordert (Gabel, Messer, Löffel), haben im Tram, Bus und Zug nichts zu suchen. Es sieht einfach unwürdig aus, auf den Knien in einer Plasticschale mit Salat herumzustochern. An eine Vollbremsung des Verkehrsmittels will man gar nicht erst denken.

Gegen ein Sandwich, das aus der Faust gegessen werden kann, ist weniger einzuwenden, wenngleich eine Person mit einigermassen ausgeprägtem Stilempfinden auch solches grundsätzlich nicht im öffentlichen Verkehr zu sich nehmen würde. Ein Sandwich riecht aber nicht übermässig und wird, so es nicht zu sehr mit Saucen vollgestrichen wurde, auch nicht tropfen und die Polsterung des Verkehrsmittels nicht in Mitleidenschaft ziehen. Nichts einzuwenden ist gegen eine Frucht: Sie ist gesund und normalerweise innerhalb weniger Minuten pannenfrei verzehrbar (von Grapefruits und Pfirsichen mal abgesehen). Wichtig ist nur, dass man allfällige Reste wie Kerngehäuse oder Schalen nicht im Tram und Zug liegen lässt, sondern sie an der freien Luft entsorgt, weil sie rasch zu riechen beginnen.

11.2 SOLL MAN UNORDENTLICHE PASSAGIERE, DIE IN DER S-BAHN EINEN HAUFEN ZERFLEDDERTE ZEITUNGEN LIEGEN LASSEN, DARUM BITTEN, IHREN ABFALL WEGZURÄUMEN?

Auch im Umgang mit Barbaren und Ignoranten bleibt der Gentleman stets gefasst. Er vermeidet es also, andere in nörgeliger Weise auf Verfehlungen hinzuweisen, doch überlegt er sich stets, wie dem weiteren Zerfall der Sitte Einhalt zu gebieten wäre. So wäre es doch wesentlich souveräner, demjenigen, der seinen Müll liegen lässt, nicht laut hinterherzurufen, sondern ihm seinen Unrat nachzutragen und ihm kurz vor dem Aussteigen mit dem Hinweis in die Hand zu drücken, er habe diese Sachen bestimmt versehentlich liegen gelassen. Wetten, dass der andere vor lauter Staunen nichts anderes zu tun weiss, als die Sachen entgegenzunehmen und ordentlich zu entsorgen?

Vielleicht hilft es auch schon, mit gutem Beispiel voranzugehen und demonstrativ seinen selbst produzierten Unrat zusammenzuräumen, zu komprimieren und einzupacken, bevor man den Bahnwaggon verlässt. So sollte es nämlich jeder vernünftige Mensch tun, auf Fernreisen wie beim täglichen Pendeln. Es kostet nicht mehr als zehn Sekunden Aufmerksamkeit, doch es macht das eigene Leben und das seiner Mitmenschen angenehmer, wenn man ein bisschen Ordnung schafft.

11.3 WAS TUN, WENN EINER SEINE ATMUNGSORGANE IN DER ÖFFENTLICHKEIT OSTENTATIV VORZUFÜHREN BELIEBT?

Das einfachste und effizienteste Mittel gegen diese verbreitete Unkultur ist es, wortlos und relativ diskret ein Päckchen Taschentücher hinzuhalten. Meist sind die Betroffenen für diese Handreichung dankbar, denn viele Menschen vergessen einfach, so etwas mit sich zu führen. Schlimm wirds erst bei jenen Mitmenschen, bei denen das Heraufziehen des Naseninhalts schon zur Gewohnheit geworden ist. In diesen Fällen empfiehlt es sich, sich einmal recht ahnungslos nach einer Erkältung oder eventuellen Allergien zu erkundigen, um das Bewusstsein fürs Schniefen wieder zu wecken.

11.4 IST ES IN ORDNUNG, WENN MAN IN DER BAHN SEINE SCHUHE AUSZIEHT UND DIE FÜSSE AUF DER GEGENÜBERLIEGENDEN SITZFLÄCHE ABSTELLT?

Es würde einem kultivierten Menschen im Traum nicht einfallen, in der Bahn die Schuhe auszuziehen! Dieses Verhalten ist grob, hässlich, unfein und richtiggehend obszön. Selbst wenn man frisch deodorierte Füsschen hat oder goldene Socken trägt, tut man es nicht. Es ist eine Verletzung der ungeschriebenen Gesetze des Zusammenlebens im öffentlichen Verkehr. Die Füsse gehören auf den Boden, und das Maximum, was sich ein anständiger Mensch zur Linderung eines Wärmestaus in den Schuhen leisten würde, wäre es, die Schnürsenkel zu lockern.

11.5 WAS TUN, WENN DER SITZNACHBAR IN DER STRASSENBAHN STILL, ABER UNVERKENNBAR EINEN WIND ENTWEICHEN LÄSST?

Der Typ, der in der vollbesetzten Strassenbahn seinen Blähungen Luft verschafft, ist natürlich ein rücksichtsloser Kerl. In solchen Fällen macht der kultivierte Mensch einen diskreten «arrêt extraordinaire», steigt also aus, bleibt auf der Haltestelle stehen und leitet dann behutsam die Dekompression ein, während die Strassenbahn davonlärmt. Man verliert so zwar etwas Zeit, aber nicht den Respekt seiner Mitmenschen. Im Theater ist es ungleich schwieriger – der, der daneben sitzt, hat besonders grosses Pech. Allerdings sollte man sich, sofern man das Theater regelmässig aufsucht, den Typen merken, damit der nächste Kulturgenuss nicht wieder vom «König der Lüfte» beeinträchtigt wird.

11.6 WAS TUN, WENN DER GEGENÜBERSITZENDE PASSAGIER IM ZUG ZU VIEL QUATSCHT?

Man kennt das: Kaum setzt man sich in einen Zug und freut sich darauf, endlich mal ein paar ruhige Minuten zu verbringen, etwa mit der Lektüre eines guten Buches oder dem Aufsetzen eines lange vertrödelten Manuskripts, setzt sich ein Bekannter dazu und beginnt, ohne Punkt und Komma aus seinem Leben zu erzählen. Um dies zu vermeiden, kann man eine Schiebermütze ganz tief ins Gesicht ziehen und den Mantelkragen hochklappen. So getarnt hat man gute Chancen, den geschwätzigen Mitpendlern zu entkommen, doch riskiert man auch einen Hitzestau. Man kann auch versuchen, sich hinter einem Laptop zu verschanzen oder mit einem Musikplayer abzukapseln, doch irgendwann entdeckt einen der lästige Mitreisende doch.

Vielleicht hilft es dann, einfach mal ganz ruhig selbst das Wort zu ergreifen und der Nervensäge zu schildern, wie unheimlich wichtig einem diese Zeit der Kontemplation und Einkehr ist. Und dass dies einem noch viel bewusster geworden ist, seit man vor zwei Monaten aus der zwölfjährigen Haft entlassen wurde, die man verbüsste, weil man einen anderen Bahnreisenden erwürgt hatte. Dazu fletschen Sie zweimal seltsam mit den Zähnen und grinsen ein bisschen irr. Das sollte sitzen.

11.7 AUF ROLLTREPPEN LINKS GEHEN UND RECHTS STEHEN – GILT DAS NUR IM DEUTSCHSPRACHIGEN RAUM?

Die Schweizerischen Bundesbahnen haben diesbezüglich Untersuchungen gemacht, die eindeutig zeigen, dass der Bestimmungszweck von Rolltreppen regional unterschiedlich verstanden wird. So ist bekannt, dass der Versuch, den gängigen Rolltreppen-Comment in Basel etwas straffer anzuwenden, dort für viel Ärger gesorgt hat, während sich in Zürich kaum Protest regt, wenn man die Pendler routinemässig an die ungeschriebenen Gesetze der Rolltreppenbenutzung ermahnt. Weiter nördlich, etwa in Frankfurt, ist man auch sehr diszipliniert. Doch in Gegenden, die frankofon geprägt sind, lässt man eben auch mal Lässigkeit und Musse auf dem Arbeitsweg zu. Auch in italienischsprachigen Gegenden werden Rolltreppen nicht unbedingt als Mittel der Effizienzsteigerung denn als Bühne für individuelle Inszenierungen oder spontanes Innehalten und Plaudern verstanden – rechts oder links, who cares!

Es hängt also von regionalen Gewohnheiten ab, ob man Mitmenschen, die falsch stehen, an die Verkehrsordnung erinnern will. Schlimm sind unter allen Umständen jene forschen Alltags-Rambos, die sich misslaunig oder gar aggressiv am Linkssteher vorbei drängen und diesen (sowie andere) mit ihrer Rempelei gefährden. In diesem Falle wäre es sinnvoller, Augenmass zu halten und ein freundliches «Entschuldigung» von sich zu geben, ehe man die Überholspur für sich reklamiert. Man verliert so vielleicht ein paar Sekunden, doch gewinnt das Zusammenleben in gleichem Masse an Qualität.

11.8 MUSS EIN AUTO STETS PENIBEL SAUBER SEIN, ODER DARF MAN IHM AUCH ANSEHEN, DASS MAN ES NICHT PRIMÄR ALS STATUSSYMBOL DENN ALS VERKEHRSMITTEL BENUTZT?

Wenn etwas gründlich suspekt ist, dann sind es piekfein aufgeräumte Autos, in denen kein Stäubchen und Fetzchen herumliegt. Kein Kassenzettel, keine Parkquittung, keine Einkaufstüte – ein solcherart klinisch sauberer Innenraum erweckt doch gleich das Gefühl, dass der Besitzer dieses Fahrzeugs die falschen Prioritäten im Leben hat. Man möchte sich mit einem solchen Menschen keine gemeinsame Reise vorstellen. Oder ein Nachtessen. Oder gar Sex. Ein Auto ist ein Gebrauchsgegenstand oder Werkzeug, und es darf deshalb ruhig ein bisschen Patina und Spuren des Lebens tragen.

Niemand soll sich also quälen, weil er einen kleinen Schweinestall in seinem Wagen hat. Es ist normal. Das Mitführen von etwas Unrat ist sogar Pflicht, wenn man eine kultiviert distanzierte Haltung zu seinem fahrbaren Untersatz hat. Man muss nur vorsorgen für den Fall, dass man möglicherweise Besuch in seiner fahrenden Sondermülldeponie bekommt. So tut ein luftdicht verschliessbarer Beutel im Kofferraum gute Dienste, in den die Taschentücher, Bonbonpapiere, Sandwichtüten und leeren Kippenkartons kommen. Volle Aschenbecher machen sich auch schlecht, und sie an Ampeln einfach aus dem Fenster auszuklopfen, ist noch schlimmer als der Geruch einer erkaltenden Nikotinsuppe.

11.9 WIE VIEL TUNING VERTRÄGT EIN SERIENFAHRZEUG, DAMIT ES NOCH ALS SUBTILES STATEMENT DURCHGEHT?

Männer, die ihren Anzug tunen, handeln richtig. Es bedarf einiger persönlicher Retuschen, bis so ein Outfit ab Stange individuellen Schliff hat. So ist es auch mit dem Auto: Etwas herumdoktern ist durchaus gestattet. Ein wenig Individualität muss sein, wenn man ein solch teures Investment wie ein Kraftfahrzeug tätigt. Ein Satz breitere Reifen ist also per se noch kein ästhetisches Vergehen. Auch Felgen darf man ändern, solange sie nicht durch verchromte und verspiegelte Modelle ersetzt werden. In der Regel geht das Verbreitern der Reifen auch mit einer Tieferlegung des Wagens einher, damit die Optik im Lot bleibt – auch das ist noch nicht grundsätzlich problematisch.

Man sollte aber darauf verzichten, plötzlich Speichenfelgen an einen Kleinwagen zu montieren. Und kippen tut die Balance dann, wenn folgende Regel nicht beachtet wird: A < B : 2,5 oder anders gesagt: Die Breite der beiden hinteren Reifen (A) darf, zusammengezählt, nicht mehr als

40 Prozent der totalen Spurbreite (B) des Fahrzeugs betragen. Der Abstand des Bodenblechs zum Asphalt (C) sollte dabei mindestens einen Drittel der Reifenbreite oder also rund 17 Prozent von A betragen. Die zweite Formel lautet demnach: C > B : 11,8.

Wichtig ist auch, dass man Tuning wenn möglich mit markeneigenen Mitteln betreibt und kaum bis sehr diskret «brandet». Ein Wort noch zum Auspuff: Der muss so original wie möglich bleiben, schliesslich kommt da das Böse vom Auto raus. Verchromte Aufsteck-Doppelrohre von Remus sind etwas für Minderjährige.

11.10 KANN MAN HEUTE NOCH GUTEN GEWISSENS MIT EINEM SUV DURCH DIE STADT FAHREN?

An den Sport Utility Vehicles, die in der Regel eine etwas klobigere Form und einen Allradantrieb haben, entzündete sich in den letzten Jahren so manche ideologische Diskussion. Einige finden diese neumodische Spezies der Selbstbewusstsein, Status und Kraft suggerierenden Kistenfahrzeuge dermassen degoutant, dass sie Menschen mit solchen Autos gleich aus ihrem Adressbuch streichen. Andere wiederum kennen kein entspannenderes und erhabeneres Gefühl, als erhöht über den anderen thronend den Kolonnenverkehr zu meistern. Gewiss verbrauchen die schweren und hoch aufragenden Autos etwas mehr Sprit als flache, aerodynamische Kleinwagen, doch sind immer auch der Hubraum sowie das Baujahr eines Fahrzeugs zu beachten, bevor man ein vorschnelles Urteil fällt. Es gibt heute SUVs mit kleinen, sparsamen und dadurch so sauberen Motoren, dass daneben manch ältere Familienkutsche richtiggehend obszön wirkt.

SUVs werden aber nicht nur ihres Verbrauchs wegen skeptisch beurteilt, sondern auch ihrer Form wegen. Gewiss ist so eine fahrende Trutzburg manchmal ein wenig schamlos, doch greift auch diese pauschale Verurteilung des Fahrzeugtyps zu kurz. Denn es gibt Menschen, die solche Autos brauchen, etwa, weil sie Tierärzte, Förster, Landwirte, Pferde- oder Bootsbesitzer sind, die auch in steilem Gelände unterwegs sind oder Anhängerlasten zu ziehen haben. Für die tägliche

Fahrt ins Büro oder die Shoppingtour in die Innenstadt gibt es allerdings wahrlich besser geeignete, weil kompaktere Fahrzeuge. Die in den letzten Jahren extrem populären Kompakt- oder Mikro-SUVs sind nur eine der möglichen Varianten.

11.11 SIND SEITLICH VERDUNKELTE SCHEIBEN CHIC ODER NUR ETWAS FÜR ZUHÄLTER?

Früher, als man Verdunkelungen der Fahrzeugverglasung noch von Hand selber aufkleben musste, war diese Art der Veredelung des Autos wirklich gar prollig, und manchmal, wenn die Folie an den Rändern der Scheibe kleine Falten warf, auch ziemlich peinlich. Heute werden aber sehr viele Neuwagen direkt ab Werk mit dunklen Fenstern ausgeliefert, wodurch sich die gesellschaftliche Akzeptanz dieses Looks verbessert hat. Scheinbar bleiben Autos, die so ausgerüstet sind, in der Sonne wirklich signifikant kühler. Oft muss es aber auch nur der Look sein, der die Besitzer anspornt, gerade bei Autos mit einer schwarzen Karosserie, die den Klimavorteil der dunklen Fenster ja sogleich wieder aufhebt.

Verdunkelte Scheiben zeugen aber nicht nur von individuellem Stilwillen, sondern durchaus auch von einem gewissen Egoismus. Denn durch eine verdunkelte Heckscheibe hindurch lässt sich der vorausfahrende Verkehr für den Hintermann nicht mehr leicht einschätzen, wodurch dieser bei plötzlichen Bremsmanövern erheblich benachteiligt ist. Und seitlich verdunkelte Scheiben sind nur von der B-Säule des Autos an nach hinten akzeptabel: Wer anderen schon in der ersten Reihe den Einblick verwehrt, hat definitiv etwas auf dem Kerbholz.

11.12 WELCHE GLÜCKSBRINGER SIND AM UND IM AUTO ANNEHMBAR?

An so manchem Rückspiegel baumelt derart viel Krimskrams, dass man sich manchmal fragt, wie der Fahrer sich trotz dieses Schmucks noch auf den Verkehr konzentrieren kann. Da tanzen Elvis-Puppen, baumeln Kruzifixe, Lanyards und Plüschtiere, und gewisse Individuen mit einem Hang zur Esoterik führen sogar indianische Traumfänger spazieren.

Im Prinzip ist gegen einen persönlichen Touch nichts einzuwenden, doch sollte dieses Bemühen in einem vernünftigen Verhältnis zum eigentlichen Bestimmungszweck des Transportmittels sowie zum übrigen Lifestyle jedes Einzelnen stehen. Wer also ein deutlich bunteres, verspielteres Auto fährt, als dass das Outfit vermuten liesse, der muss sich schon fragen, ob diese Diskrepanz nicht vielmehr auf eine verklemmte statt eine besonders originelle Natur schliessen lässt.

Stark aus der Mode gekommen ist das verchromte Hufeisen auf dem Kühlergrill, das man in den 1970er-Jahren offenbar als Zeichen von gutem Geschmack und einer soliden Bürgerlichkeit verstand. Und das mit Kunstleder gefasste Foto von Frau und Kind ist sicher nur noch bei Taxifahrern akzeptabel.

11.13 WAS IST DAVON ZU HALTEN, WENN IM FLUGZEUG APPLAUDIERT WIRD, WENN DER PILOT DIE MASCHINE GELANDET HAT?

Wenn in einem Verkehrsflugzeug die ganze Kabine applaudiert, dann nur deshalb, weil die Schicksalsgemeinschaft der Passagiere a) durch das Geschick des Piloten nur knapp einem Unglück entgangen ist oder b) zum ersten Mal fliegt und sich gegenseitig kennt. Wenn es sich aber um einen ganz normalen Linienflug handelt, dürfte man sich mit Applaus nicht viel mehr als das kollektive Fremdschämen aller Habitués an Bord einhandeln, die das Klatschen als die allerpeinlichste Emotion von Nicht-so-häufig-Fliegern verachten. Im Grunde ist dies jedoch dünkelhaft, denn völlig statusfrei betrachtet verdient es jede geglückte Landung, beklatscht zu werden. Schliesslich ist es durchaus eine technische und menschliche Meisterleistung, mehrere Hundert Tonnen mit hoher Geschwindigkeit durch die Luft schiessenden Blechs fehlerfrei auf einem Runway aufzusetzen und zum Stillstand zu bringen. Wer diesen Fähigkeiten diskret Respekt zu zollen vermag, soll also diskret auf das Plastic des Tischchens klopfen – so wie es auch Studenten im Hörsaal tun.

11.14 DAS HANDY IST IMMER DABEI – DOCH SOLL MAN ES AUCH IMMERZU EINSETZEN?

In den 1980er-Jahren war es noch ein richtiges Projekt, einen anderen Menschen zu erreichen – nicht nur aus technischer Sicht. Man telefonierte, um etwas mitzuteilen oder in Erfahrung zu bringen, statt den anderen aus Langeweile zu ärgern und zu fragen: «Wo bist du gerade?». Natürlich möchte kaum jemand in diese Zeit zurück oder das Mobiltelefon, das heute schon bei Zehnjährigen völlig normal ist, wirklich missen. Aber eine gewisse Klarheit, wann und warum man einen Menschen anruft, das wäre nicht schlecht.

Erstens: Man ruft andere Menschen, von denen man annehmen kann, dass sie zu tun haben, nur dann an, wenn es etwas zu sagen oder zu klären gibt. Ausnahmen sind intime Telefonate, die aber wiederum nicht vor den Ohren anderer stattfinden sollen. Im Restaurant oder im Zug Kuschelgespräche zu führen, ist unstatthaft. Zweitens beschränkt man sich, weil die Gesprächsminuten ja den anderslautenden Beteuerungen der Mobilfunkbetreiber zum Trotz noch immer teuer sind, auf das Notwendige. Als Angerufener, der ja meist sieht, von welcher Art von Nummer aus der andere spricht, verzichtet man auf üppiges Nachfragen nach allgemeiner Befindlichkeit.

Und drittens soll man seine Anrufe auf vernünftige Tages- und Nachtzeiten beschränken. Einen anderen Menschen vor 9 Uhr früh auf dem Handy anrufen darf man nur, wenn man sicher weiss, dass dieser den Anruf auch erwartet. Alles andere ist Telefonterror. Tabu sind geschäftliche Anrufe zwischen 12 und 14 Uhr sowie nach 19 Uhr. Man kann davon ausgehen, dass das Gegenüber dann anderen Dingen nachgeht als geschäftlichen. Die, die das nicht tun, sind schlimme Karrierekrüppel, um die man besser jetzt schon einen Bogen macht.

11.15 SOLL MAN NACH DER LANDUNG EINES FLUGZEUGS SOFORT SEIN HANDY EINSCHALTEN ODER IST DAMIT ZUZUWARTEN?

Die Empfehlungen der Fluggesellschaften sind eindeutig: Das Ding bleibt ausgeschaltet, bis man das Flugzeug verlassen hat. Und das wäre im Prinzip richtig, auch wenn die Realität ganz anders aussieht. Kaum ist die Maschine gelandet, nestelt die Überzahl der Vielreisenden ihre schwarzen Kisten aus den Hosentaschen und beginnt, Nachrichten zu versenden oder verpasste Anrufe abzuhören. Das ist natürlich eine etwas gar banale Zurschaustellung der eigenen Wichtigkeit. Also möge man damit doch wirklich – wie von den Airlines empfohlen – zuwarten, bis man das Gate betreten hat, oder sein Sprechgerät wenigstens auf lautlos stellen, damit nicht alle am privaten Dauerstress teilzunehmen haben.

11.16 SIND INDIVIDUELLE HANDY-KLINGELTÖNE AKZEPTABEL?

Mobiltelefone wurden, bis das iPhone kam, immer kleiner. Damen tragen ihre Sprechgeräte oft in der Handtasche, Männer tragen ihre Handys aber meist körpernah auf sich, sei es in der Hosentasche oder im Veston. Unschön ist es übrigens, das Telefon in die Brusttasche des Hemdes zu stecken oder am Gurt zu tragen – aber darum geht es hier nicht. Dagegen interessiert die Frage, wie man seinem Telefon erlaubt, sich bemerkbar zu machen. Ob es klingelt – und wenn es klingelt, wie es das tut. Grundsätzlich muss man sich mit der Funktion der Profile seines Telefons vertraut machen, die eine wirklich patente Sache für alle alltäglichen Situationen sind. So kann man etwa ein Profil namens Büro definieren, bei dem das Telefon nur vibriert und der Kurzmitteilungston ausgeschaltet ist. Für die Sitzung wird auch das Vibrieren ausgeschaltet, weil es würdelos ist, wenn in Gesprächspausen etwas unter dem Tisch surrt.

Das Profil «Draussen», das seltsamerweise viele Menschen auch in Innenräumen benutzen, ist wirklich nur in der Londoner Rushhour entlang der Knightsbridge zulässig – ein solches Gezeter und Gehupe darf niemandem zugemutet werden. Seltsamerweise finden es aber auch

Mailänder Männer, die einst als die elegantesten der Welt galten, oft chic, ihre Mobiltelefone möglichst laut einzustellen. Wenn es schon klingeln muss, dann in einem dezenten Standardton, der sich zuerst leise meldet und erst lauter wird, wenn man ihn nicht bemerkt. Auch der Standard-SMS-Ton ist durch einen smarten und kurzen Einzelton zu ersetzen. Ganz verboten sind lustige Jamba-Hits, polyphones Hitparaden-Gedudel oder Sprüche wie «Hey Alter, geh mal ran», die man im Internet bekommt. Menschen mit solchen Klingeltönen verschwenden ihr Lifestyle-Budget sinnlos oder sind noch keine zwölf Jahre alt.

11.17 WIE VERBINDLICH SIND SMS?

SMS ist zum globalen Standard geworden. Mit Kurznachrichten werden heute meist Verabredungen getroffen oder Turteleien ausgetauscht. So manches Herz dürfte mit dem Werkzeug erobert worden sein, doch gleichzeitig dürfte auch so manche Freundschaft ob der abgehackten und relativ emotionslosen Kurzsprache zerbrochen sein. Immer öfter werden auch Flugtickets bestellt oder Operntickets reserviert. Es muss also durchaus etwas Verbindliches in einer Textnachricht liegen. Und die Zeit wird kommen, wo man mit einer Textnachricht Arbeitsverträge besiegelt und auch Kündigungen verschickt.

Wenn es brenzlig wird, ist SMS gar kein gutes Kommunikationsmittel. Ebenso sollte man damit keine Unzufriedenheit oder Kritik ausdrücken, denn die knappe Textform wirkt unnötig barsch und herzlos. Für geschäftliche Kontakte gilt: Wenn eine Textnachricht explizit und formvollendet ausformuliert ist, lässt sich darin ein Mitteilungsbedürfnis erkennen und auch eine Pflicht ableiten, eine Replik zu tippen. Wenn eine SMS also Gültigkeit haben soll, dann möge sie bitte eine gewisse Form wie Anrede, Inhalt und Grussformel haben. Sonst ist es nur Smalltalk ohne Charme.

11.18 REICHT ES HEUTE AUS, JEMANDEM PER SMS ZUM GEBURTSTAG ZU GRATULIEREN?

Für private Glückwünsche ist SMS heute ein gängiger Standard, doch schön ist es nicht. Denn im Grunde ist es ganz schön wenig, jemandem, den man schätzt, mit maximal 140 Zeichen seine Zuneigung zu offenbaren. Besser wäre eine von Hand geschriebene Karte oder ein spontaner Anruf. Schon Doktor Walther von Kamptz-Borken, in den 1950er-Jahren eine Instanz in Sachen Etikette und Stil, stellte fest, «dass man den Fernsprecher nicht benutzen kann, wenn man einer lieben Tante gratulieren will». Da müsse man sich schon persönlich hinbemühen. Heute würde man sagen: Man soll wenigstens anrufen. Auch könne man «Geheimes nicht dem Draht anvertrauen, weil dieser es nicht selten aufgrund eines technischen Mangels auch Unberufenen zuträgt», so der Stilfachmann der 1950er-Jahre weiter.

Gratuliert man trotzdem per Kurzmeldung, so möge man sich dafür bitte wenigstens richtig Mühe geben und eine Anrede, eine persönliche Grussformel, einige weitere Nettigkeiten und einen Absender tippen. Einfach nur «Happy Birthday» oder «HBDTY» (Happy birthday to you) einzugeben, ist unpersönliche Massenware, die auch nicht beantwortet oder verdankt werden muss.

11.19 IST ES OKAY, DAS ADRESSBUCH UND DEN NACHRICHTENSPEICHER ZU DURCHFORSTEN, WENN MAN EIN FREMDES MOBILTELEFON GEFUNDEN HAT?

Es ist in gewissem Mass sogar nötig, will man den Eigentümer des Gerätes ausfindig machen. Doch gerät man dabei schnell über die Grenzen des Notwendigen hinaus und verliert sich vor lauter Neugier in Mails, Kurznachrichten und Anruflisten. Fein ist das natürlich nicht, es ist sogar ziemlich ungehörig – andererseits aber auch lustig! Denn mit dem Fund bekommt man unverhofft intimen Einblick in das Leben eines Wildfremden, und das ist ja im Zeitalter von Celebrity-Magazinen, Castingshows und Big-Brother-TV ein hohes Gut. Für diesen Kick schalten andere Menschen jeden Abend die Glotze ein.

Deshalb folgender Rat: Man soll sich ungehemmt umsehen und geniessen, bis man den Besitzer des Geräts ausfindig gemacht und ihm sein verlorenes Telefon zurückgegeben hat. Danach aber soll man auf ewige Zeiten schweigen über all das, was man entdeckt hat – ganz ungeachtet der Tatsache, dass Sie die Person, der das Telefon gehört, nicht kannten. Denn sonst passiert einem das nächste Mal genau dasselbe.

12. SACHVERZEICHNIS

Abendgarderobe	30
Absätze	21 f., 40, 42
Aktentasche	73, 76 f.
Animal Prints	35
Anstossen	148 f.
Apéro riche	133
Applaus beim Landen	168
Ärmelknöpfe	60
Aufräumen	28 f.
Auto aufräumen	164
Autofahren	160
Avantgarde	19 f., 59, 67
Babouches	129
Ballerinas	39
Baseballmütze	46
Beanies	75
Begrüssungsrituale	110, 146
Bermudas	63, 77, 83, 94
Bettwäsche	127
Bikerjacke	34, 116
Bikini	48
Black Tie	30, 95 f.
Blazer	22, 33, 38, 96
Blumen	140
Bluse	21 f., 30, 38 f., 46
Body Shapers	21
Bootschuhe	42, 77
Boxershorts	82
Botox	101
Boyfriendhose	22, 32, 46
Brillen	51, 106, 113
Brustimplantate	101
Brusttasche	61, 68, 170
Bügelfalten	64, 70
Bügelfrei	61
Bundfaltenhosen	32

Businessanzug	23, 64, 73, 79
Button-down	62
Cargohose	22, 72, 81, 83
Casual Friday	71
Casualwear	22, 58, 72, 96
CDs brennen	142
Celebrity Magazine	27, 106
Chambray	81
Chinos	65, 67, 70, 73, 84, 96
Chucks	77, 80
Clutch	44
Cocktailkleid	38, 96
Cocktails	43, 96, 140, 147
Converse	77, 80 f.
Cravate noire	96
Cutaway	59, 94, 96
Dankeskarte	143
Dekolleté	38, 47, 103
Dental Bleaching	89, 104
Discounter	14, 18, 57
Djellaba	20
Doppelreiher	59
Dreitagebart	88
Dreiviertelhosen	84
Dresscodes	22, 26, 95 f.
Duftkerzen	126
Duzen	111 f., 148
Einstecktuch	68, 95
Empire-Linie	21
Espadrilles	42, 77
Essen in der Öffentlichkeit	160
Farb- und Stilberatung	26
Feinschmeckerlokal	154

Fitnessstudio	114
Fliege	67, 95
Flip-Flops	77
Fluchen	119
Foulard	34, 45, 95
Four-in-hand	66
Furoshiki	141
Gastfreundschaft	130
Gastgeschenk	140
Gavroche	94
Geburtstagsglückwünsche	172
Geburtstagskarten	141
Geldbeutel	57, 77
Glücksbringer	167
Gürtel	22, 30, 32, 35, 37, 49, 66 f., 71, 77, 88, 96
Haare färben	89, 102
Händchen halten	117
Handkuss	110
Handschlag	110
Handy	56, 76, 85, 88, 169 f.
Handtaschen (Damen)	43 f., 153, 170
Handtaschen (Herren)	44, 76
Hausschuhe	129
Haute Couture	18, 34, 37
Heiratsantrag	92
Hemden	61 ff., 66, 69, 127
Henriquatre	88
High Five	111
High Heels	22, 40
Hochzeit	66, 68, 91
Hochzeitskleidung	93 ff.
Homosexualität	58
Hosenlatz offen	114
Hosenträger	71
Hotpants	83
Hut (Damen)	46
Hut (Herren)	75 f.
Intimrasur	105
It-Bags	43
Ivy League	70
Jeans	20 f., 23, 31, 33, 42, 63, 65, 69, 71 f., 81, 94, 96 f.
Jugend	13
Kaffeelöffel	152
Kapuzenjacke	22, 84
Kaschmir	17, 20, 34, 36, 46, 65, 86 f., 96, 129
Kellnerin rufen	152
Kinderarbeit	17
Kleider	30
Klingeltöne	170
Kniestrümpfe	50
Knigge	7
Knutschen	120
Kochen	128
Konfektionsgrösse	56
Körperhaare (Damen)	105
Körperhaare (Herren)	59
Körperpflege	89
Kosmetik (Herren)	89
Krawatte	22 f., 58, 61 f., 65–70, 72, 76, 81 ff., 94, 96, 111
Kummerbund	95
Kunstpelz	36
Kuriertasche	44, 73, 153
Latte macchiato	151

Layering	21	Öko-Mode	17
Lebensabschnittspartner	131	Overknee-Stiefel	35
Leggings	20, 33, 35	Oxford-Gewebe	81
Leibwäsche	47		
Leinenhemden	65, 70	Paletot	74
Leopardenmuster	35	Pantoffeln	129
Lifting	101	Parfums	103, 127
Lingerie	46 f.	Parka	37, 73, 116
Lippenstift	89, 100	Party	7, 44, 118, 131, 134, 136
Löhne, faire	17	Paschmina	45
Logos	33, 44, 72, 87	Passform	26, 43, 61
Low-rise-Hose	70	Peeptoes	40 f.
Luxusprodukte	19	Pelz tragen	35 f.
Luxusjeans	33	Pencil Skirt	31
		Perlenkette	28, 50 f.
Mackintosh	74	Pinault-Printemps-Redoute	19
Maniküre	52	Platinblond	103
Manschettenknöpfe	64	Pochette	68
Mantel (Damen)	36 f., 95, 116	Poloshirts	58, 73, 96
Mantel (Herren)	74	Prekariat	44
Massanzug	18, 60	Prêt-à-porter	18
Metrosexuelle	89	Pumps	22, 40, 95
Mineralwasser	130	Punk	12
Minirock	31	Pünktlichkeit	133
Mixgetränke	147	Push-up-BH	47
Models	29		
Mokassins	77, 96	Quasseltaschen	163
Morning Coat	94, 96	Querstreifen	21
Mundgeruch	103		
Musik auflegen	135	Rasierzeug	89
		Rauchen	131
Nachhaltigkeit	9, 17, 86	Raumdüfte	126
Nachwürzen	150	Rechnung bezahlen	154
Nagellack	52	Regenschirm	87
Negligé	46	Rendezvous	155
Netzstrümpfe	50	Revers	8, 38, 59 f., 64, 69, 94
No-Jeans-Policy	33	Rocklänge	31 f.

Röhrenhose	*33 f.*
Rolltreppen	*164*
Rucksack	*44*
Sandalen	*72, 77, 83*
Sari	*20*
Sauna	*112*
Schiebermütze	*75, 163*
Schmuck	*22, 50, 95 f.*
Schnauz	*88*
Schniefen	*113, 162*
Schuhe (Damen)	*39*
Schuhe (Herren)	*77*
Schuhe ausziehen	*129, 162*
Schuhe putzen	*78*
Schwangerschaft	*48*
Schwarzes, kleines	*30*
Selber machen	*19*
Seidenbluse	*22*
Serviette	*156*
Shorts	*76, 83, 114*
Sixpack	*8, 102*
Smart Casual	*61, 72, 96*
Smoking	*20, 22, 39, 67, 94 ff.*
SMS	*117, 143, 153, 171 f.*
Sneakers	*42, 79, 80 f.*
Socken (Herren)	*56, 77, 79, 129*
Softjackets	*60*
Sonnenbrille	*51, 113*
Spenden, gemeinnützige	*142*
Sportswear	*20, 73*
Spucken	*121*
Standardtänze	*118*
Statussymbole	*7, 57, 84*
Stiefel	*35, 40, 68*
Stiftrock	*21*
Stilbruch	*22*
Stilettos	*40*
Stilikonen	*27, 52*
Street Style	*19, 34*
Strickjacke	*34*
Strümpfe	*48*
Strumpfhosen	*49*
Style Blogs	*35*
SUV fahren	*166*
Synthetik	*20, 61, 87, 129*
Tailleur	*38*
Tanktop	*21*
Tanzen	*118*
Taschentuch	*86*
Taschenuhr	*85*
Tee	*132*
Tenue de ville	*96*
Trainerhose	*22*
Trauer tragen	*82*
Trenchcoat	*20, 37, 74*
Trilby	*75*
T-Shirt	*21, 38, 56, 72, 76, 81, 122*
Tunika	*20*
Tuning am Auto	*165*
Turnschuhe	*22 f., 42, 72, 80*
Twinset	*34*
Uhr	*56, 84*
Ulster	*74*
Unisex	*42*
Unordnung anmahnen	*161*
Unpünktlichkeit	*133*
Unterwäsche (Damen)	*47*
Unterwäsche (Herren)	*81*
Uschanka	*75*
Vegetarier	*137*

Verdunkelte Scheiben	*167*
Veston	*57, 59, 61, 64,*
	72, 81, 96, 170
Visitenkarten	*44, 115*
Wein ausschenken	*133*
Wein dekantieren	*149*
Weinfehler	*147*
Weingläser	*132*
Wein schenken	*141*
White Tie	*67, 95*
Wrap Dress	*30*
Yoga	*43, 47, 102*
Zähne bleichen	*89, 104*
Zuprosten	*148 f.*
Zweireiher	*59*

NAMENVERZEICHNIS

Acqua di Parma	89
Adidas	81
Agnelli, Gianni	74
Apfel, Iris	22
Barbour	74
Bausch, Pina	118
Berry, Halle	27
Birkenstock	77, 129
Bismarck, Mona von	27
Blanchett, Kate	106
Borsalino	75
Bottega Veneta	43
Bowie, Iman	27
Burberry, Thomas	37
Car Shoe	77
Chanel, Coco	26 ff., 103
Charvet	65
Converse	77, 81
Cut Magazin	19
Depp, Johnny	88
Deutsches Mode-Institut	34
Dior, Christian	14, 38, 43, 46
Etro	58
Etsy	19
Fiat Cinquecento	58
Ford, Tom	8, 60
Gandouin, Jacques	146
Goyard	43, 45
Hackett, Jeremy	80
Hardy, Ed	122
Hardy, Pierre	39
Hepburn, Audrey	27, 39
Hermès	43, 45, 65
Hilfiger, Tommy	58
Jackson, Michael	101
Jaeger-Le Coultre	85
Jagger, Bianca	27
Jett, Joan	103
Johannson, Scarlett	27, 106
Jolie, Angelina	120
Jones, Stephen	46
Junghans	85
Kaulitz, Bill	122
Kelly, Grace	27
Kennedy, Jackie	27
Knirps	88
Kriemler, Albert	12
K-Swiss	81
Künzli	81
Ladurée	140
Lady Gaga	27
Lambert, Eleanor	27
Lanvin, Jeanne	28
Laurent, Yves Saint	59
Longchamp	43
Loren, Sophia	27
Louis Vuitton	43, 45
LVMH	19
Mackintosh	74
Madame Grès	28
Madonna	102
Maison Michel	46
Manolo Blahnik	40

Marcos, Imelda	39	Shipton & Heneage	129
McCartney, Stella	43	Spiegelau	132
Monaco, Caroline von	27	Sprüngli	140
Monroe, Marylin	27	Stetson	75
Morgane Le Fay	93	Swarovski	140
Moss, Kate	27		
		Tag Heuer	85
New Balance	81	Teuscher	140
Nike	81	Thatcher, Margret	48
Nomos	85	Theron, Charlize	27
		Thurman, Uma	27
Ochs & Junior	85	Tissot	85
Omega	85	Tod's	77
		Topshop	18
Paley, Babe	27	Treacy, Philip	46
Parker, Sarah Jessica	27, 52	Tudor	85
Patek Philippe	85	Turner, Tina	27
Paul Smith	58, 63		
Pinault-Printemps-Redoute	19	Uniqlo	18
Pitt, Brad	88, 120		
Prada, Miuccia	22, 26, 65	Vanity Fair	27
Puma	81	Vionnet, Madeleine	28
		Vreeland, Diana	27
Rado	85		
Richemont	19	Waters, John	80
Riedel	132	Wells, H.G.	19
Rihanna	106	Wilde, Oscar	12
Roberts, Julia	31		
Roitfeld, Carine	22	Zara	18
Rourke, Mickey	101	Zenith	85
		Zilkha, Bettina	27
Schawinski, Roger	102	Zimmerli	81
Schiaparelli, Elsa	28		
Schott-Zwiesel	132		
Schröder, Gerhard	102		
Seiko	85		
Serner, Walter	70		

DER AUTOR

Jeroen van Rooijen, geboren 1970, Ausbildung als Modegestalter. Journalistische Tätigkeit bei verschiedenen Lokalradios, bei *Annabelle*, *Bolero* und *GQ*. Von 2003 bis 2010 Moderedaktor der *Neuen Zürcher Zeitung* und *NZZ am Sonntag*, wo er den Stil-Bund und das Magazin *Z – Die schönen Seiten* leitete. Seit Mitte 2011 verantwortlich für die Themen Stil und Lebensart im Hause NZZ. Kolumnist, Referent und Buchautor. Publikationen: *Stilregeln. Lifestyle, Fauxpas und Bad Taste* (2007), *Der Dresscode. Fragen des Stils. Antworten des guten Geschmacks* (2008), *Carla, Grace oder Kate. Stil-Ikonen und was Frau von ihnen lernen kann* (2009), *Zerlegt – Kleidung auf dem Seziertisch* (2011).

DIE ILLUSTRATORIN

Gisela Goppel wurde 1980 in Regensburg geboren. Sie studierte Textildesign an der Universität der Künste in Berlin und Illustration an der Universidad Ramon Llul in Barcelona. 2006 wurde sie Mitglied des «Bilderklubs», einer experimentellen Plattform für Illustration. Heute lebt und arbeitet Gisela Goppel in Berlin. Zu ihren Kunden gehören das Deutsche Guggenheim Museum, *The Sunday Telegraph*, Firmen wie Camper, Biotherme, Benefit Cosmetics und andere mehr.

Kleidung auf Herz und Nieren geprüft

Jeroen van Rooijen
Zerlegt – Kleidung auf dem Seziertisch
44 modische Klassiker unter dem Messer

232 Seiten, gebunden
88 farbige Abbildungen
ISBN 978-3-03823-693-1

Stilpapst Jeroen van Rooijen nimmt Klassiker der Mode auseinander – und zwar im wahrsten Sinne des Wortes. Mit Messer und Schere trennt er die Kleidungsstücke auf, erzählt ihre Geschichte und prüft die Verarbeitung. Dieser Prozess verrät viel über Machart, Produktionswege und Herkunft dieser Textilien – Qualitäten, die in Zeiten von Authentizität und Nachhaltigkeit in der Mode wieder eine wichtige Rolle spielen.

NZZ Libro – Buchverlag Neue Zürcher Zeitung
www.nzz-libro.ch

Originelle Reise durch den schweizerischen Alltag

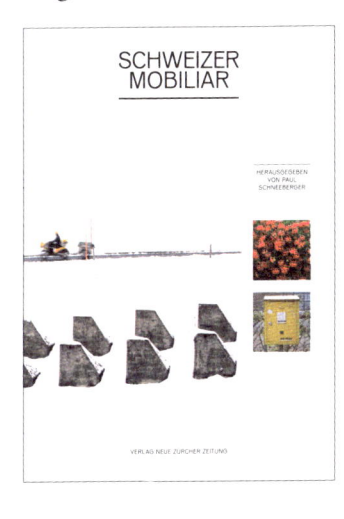

Paul Schneeberger
Schweizer Mobiliar
Ikonen des öffentlichen Raums

168 Seiten, gebunden
40 farbige und s/w Abbildungen
ISBN 978-3-03823-608-5

«Es sind die kleinen Dinge, die ein Heimatgefühl auslösen. Aber was genau? Ein Buch zeigt Objekte, die uns so vertraut sind, dass sie uns erst auffallen, wenn wir ihnen länger nicht begegnet sind. Das Buch ist nicht nur schön anzusehen, sondern auch zu lesen.»
www.tagesanzeiger.ch

«Entstanden ist ein schmuckes Büchlein, in dem über Alltagsobjekte Geschichten und Anekdoten zur und über die Schweiz erzählt werden. Schneeberger bricht eine – zwar manchmal nostalgische – Lanze für Nebensachen, für ‹die grossen und kleinen Dinge links und rechts der Strasse›».
Hochparterre

NZZ Libro – Buchverlag Neue Zürcher Zeitung
www.nzz-libro.ch